Belchior

Apenas um rapaz latino-americano

Jotabê Medeiros

Belchior

Apenas um rapaz latino-americano

todavia

*Ao meu irmão Jack, nosso Dean Moriarty,
aquele que nunca cedeu à tentação de viver outra
vida senão aquela que escolheu para si mesmo.*

Apresentação **9**

A montanha dos fradinhos **12**
Gordini azul na orla **21**
O que pesa no norte cai no sul **39**
Que esse canto torto corte a carne de vocês **48**
A obra-prima que te fez passar fome **56**
Aquele amistoso pessoal do Ceará **67**
Amar e mudar as coisas me interessa mais **81**
Vida, pisa devagar **100**
A verdade está no vinho **112**
Aguilar e seus amigos performáticos **126**
Vício elegante **139**
Dylanesco **143**
Mil desenhos para o Inferno, mil para o
Purgatório, mil para o Paraíso **150**
Bangalôs, charqueadas e acampamentos **159**
Inmemorial **179**

Discografia **211**
Referências bibliográficas **217**
Índice onomástico **220**
Crédito das imagens **237**

Apresentação

Roqueiros alcoólatras ou junkies, que quebram quartos de hotel, invadem *highways* com carrinhos de golfe ou atiram em tevês, sempre dão biografias muito movimentadas. Belchior não era nem uma coisa nem outra, mas, conforme eu ia avançando em sua história, mais vertiginosa se revelava a aventura. O delírio era de fato a experiência com coisas reais, conforme ele mesmo cantou em um verso imortal.

A história do migrante às avessas, o homem que largou a medicina (passaporte compulsório, no Brasil, para uma condição de elite) para viver como hippie temporão no eixo Rio-São Paulo, ia sendo encorpada pelas memórias de anfitriões, colegas, parceiros, familiares, fãs. Especialmente entre estes últimos, os fãs, tive a confirmação de sua grandeza e da perenidade da obra do compositor e intérprete.

Belchior, subitamente, estava em todo lugar e de todas as formas. Dos saraus fabulosos da trupe do baiano Daniel Mã, no Pacaembu, em São Paulo, à guerrilha poética de Ricardo Kelmer, na noite de Fortaleza, passando pela lealdade emocionante de Dogival Duarte, doce radialista de Santa Cruz do Sul, pelas reinterpretações mediúnicas da cantora Daíra, no Rio de Janeiro, e pela abnegação da tatuadora Bertha Alves, em São Paulo.

Foi fascinante notar que sua influência, apesar dos dez anos sumido e dos 24 anos sem inéditas, era mais forte entre os jovens do que entre os velhuscos. Youtubers lindas postavam canções e tuiteiros sisudos postavam versos do poeta cearense, como se íntimos fossem desde o berço. Belchior tinha prometido a todos eles um abrigo contra a capitulação. Contra a deslealdade, a efemeridade do sucesso fácil, as fórmulas prontas, a concessão artística e o império do dinheiro. "Palavra e som são meus caminhos para ser livre." Prometeu e cumpriu.

Eu mesmo, subvertendo a suposta objetividade de repórter, me vi recuperando todo dia o despertar de meu encantamento pelas palavras, ainda na adolescência. Reencontrei precisamente o impacto das primeiras expressões que descobri na música dele. "Inteiramente livre e triunfante", "o sertão da minha solidão", "a ferida viva do meu coração", "vida como vida", "pelos belos pelos virgens de lâminas e pentes", "que coisa adolescente, James Dean".

Por onde passou, Belchior não deixou dissenso, conflito ou vergonha. Os embates moralistas em torno de sua renúncia à vida social vão continuar por muitos anos, mas a transfusão de seu sangue criativo irriga gerações diferentes de artistas e é impossível detê-la: alimenta tanto os anêmicos da realidade quanto os vampiros da transitoriedade.

Em 2015, quando uma editora me procurou para perguntar de quem eu gostaria de escrever um perfil biográfico, escolhendo entre o cardápio de artistas da música brasileira, eu não soube responder de imediato. Primeiro porque, embora seja uma grande reportagem – métier no qual ganho a vida –, o gênero biográfico não é o meu preferido. Acho que li alguns biógrafos que forçavam a visão do extraordinário em coisas triviais da vida do personagem, e isso me enfastiou.

Segundo, porque quase todos os perfis biográficos que eu gostaria de fazer já foram feitos: Roberto Carlos, Zé Ramalho, Gilberto Gil, Luiz Gonzaga, Geraldo Vandré. A ideia de perfilar Belchior veio na cadência de uma vida nova, o cheiro de uma nova estação, dois novos filhos em casa, um novo gato, uma nova rotina de trabalho.

Conforme a pesquisa evoluía, eu notei que Belchior se cristalizava perante meus olhos como um mito moderno, cheio de mistério e também de trivialidade, poesia e intriga, tragédia e romance. Era um personagem tão intrigante quanto sua música, e o momento em que as duas coisas se cruzam cria fascínio.

Retratar um personagem de tal porte envolve um perigo: o da abdução emocional. Você acaba se confundindo com ele enquanto pisa nas brasas ou arranha as feridas de sua passagem pela vida de outras pessoas. O significado da poesia de Belchior é bastante claro, mas é uma lírica que se afirma na emoção do ouvinte, na percepção de um ritmo, de uma frequência sonora.

Então é isso: a história que segue é principalmente aquela que eu aprendi nos discos. Para entendê-la com mais acuidade, aconselho a colocar para tocar aquela sua playlist favorita, porque é uma história que se faz ouvir com mais clareza assim.

A montanha dos fradinhos

Mede cerca de dez centímetros de comprimento, olhos brancos. Tem um canto anasalado, descompassado, que começa sem melodia (tiutiu) e termina com um sibilo (tchitchuuuuu). O macho, nessa clássica misoginia da natureza, é sempre mais vistoso, preto nas costas, com coroa e nuca vermelho-vivas e faixa branco-amarelada na base da cauda; há algum branco na asa, visível principalmente durante o voo, e tem amarelo por baixo, com o peito também tingido de vermelho. A fêmea é verde-oliva, cor mais intensa no dorso e mais clara na barriga, levemente amarelada. O passarinho guaramiranga (também conhecido como uirapuru-laranja, dançador-laranja, tangará-de--cabeça-amarela e uirapuru-de-cauda-curta) é considerado uma ave isolada na região, há diversos lugares onde sua espécie é mais numerosa. Mas foi a ele que coube a tarefa de nomear todo esse oásis particular do Ceará, a serra de Guaramiranga.

Sob o sol inclemente que encaçapa quase o Ceará inteiro, a serra de Guaramiranga é uma exceção climática atraente. Rodeada de cachoeiras e matas preservadas, de noite a temperatura ali pode beirar os quinze graus, o que faz o cearense de classe média tratar a cidadezinha de Guaramiranga, no coração da montanha, como a sua Campos do Jordão improvável, a sua Bariloche de estimação: há bistrôs, cafés, choperias, spas, comida alemã de turista e sopas e fondues aculturados aqui e ali.

Além do passarinho de canto anasalado, essa terra seduziu outras criaturas. Por conta do clima privilegiado, chegaram à região no século XVII as missões catequizadoras dos jesuítas, com o intuito de trabalhar na conversão de índios tapuias ou paiacus. No século XVIII, o português João Rodrigues instalou ali o primeiro ato colonizador, batizando a própria façanha de sítio Macapá. Entre 1777 e 1793, uma virulenta seca fez com que fazendeiros cearenses migrassem para a serra, iniciando o cultivo do café, cultura que se adaptou facilmente ao clima. Surgiu então a capela Nossa Senhora da Conceição, tornada matriz em 1873.

No começo dos anos 1930, desembarcou ali uma comitiva religiosa de frades italianos lombardos liderada pelo frei Bernardino de Désio. Na ladeira da gruta, em terreno doado, os frades construíram, em 1935, o mosteiro dos Capuchinhos, ou mosteiro da Gruta, uma edificação neoclássica cheia de estruturas arqueadas e ambientes amplos, jardins, além de capela, um belo pastiche gótico 960 metros acima do nível do mar. Os capuchinhos seriam uma espécie de dissidência radical. Apesar de serem obrigados a manter o voto de pobreza, muitas vezes os franciscanos afrouxavam, o que gerou descontentamento. O patrono dessa dissidência, são Félix de Cantalício, nascido em 1515, era chamado, não por acaso, de "O Santo das Ruas de Roma". Frei Damião foi provavelmente o mais famoso capuchinho conhecido pelos brasileiros. Quando morreu, em 1997, seu velório teve a presença de cerca de 300 mil pessoas.

A ação do estudantado filosófico e teológico teve início no mosteiro em 18 de dezembro de 1935. Em 1942, em decorrência da participação da Itália na Segunda Guerra Mundial, o comandante da 7ª Região Militar ordenou que os frades do seminário Nossa Senhora do Brasil, em Fortaleza, conhecido como Messejana, fossem confinados em Guaramiranga, para que os "súditos do Eixo" fossem "afastados da Costa" brasileira. Os frades só retornariam ao Messejana no fim daquele ano.

Durante 56 anos, Guaramiranga serviu como centro de formação dos frades capuchinhos da província. Em 1997, porém, terminada a construção da residência missionária, no Piauí, o noviciado foi transferido para a casa nova. O antigo convento converteu-se numa disputada pousada de 46 quartos, aberta atualmente tanto aos religiosos quanto aos turistas convencionais. As antigas acomodações dos noviços foram modernizadas e transformadas em áreas de lazer. Um frade, frei José Maria, coordena os serviços turísticos.

Os capuchinhos cortavam o cabelo tipo "tigelinha" (o que facilitou o contato com índios, contam historiadores), zerado de um dedo acima da orelha para baixo e com o cocuruto também raspado. Os frades brasileiros ganhavam um novo nome no qual exibiam o carimbo de suas origens. Frei José de Manaus, frei Metódio de Fortaleza, frei Vidal da Penha, frei Pacífico de Baturité, frei Daniel de Barreirinhas, frei Fidelis de Aracatis, frei Tito de Milagres, frei Martinho de Cedro, frei Timóteo de Canindé, frei Bernardo de Viçosa.

Numa manhã nebulosa e melancólica de fevereiro de 1964, poucos meses antes do golpe de Estado no Brasil, iniciou seus estudos em Guaramiranga uma turma de catorze noviços capuchinhos. Entre eles, destacava-se o frei Francisco Antônio de Sobral, um rapaz de dezoito anos, de rosto geométrico como um cartum de Nássara, memória prodigiosa, além de uma facilidade despresunçosa para escrever. A escolha do nome Sobral foi de um bairrismo orgulhoso, mas essa seria uma de suas raras concessões à cidade natal ao longo de toda a vida. A bagagem que trouxe, em uma mala de mascate, era mínima, como a dos demais noviços: dois lençóis, duas toalhas e três mudas de roupa, além de escova, pasta, saboneteira e sabonete. Espelho, pente e qualquer perfume eram proibidos. Uma hora após adentrar o mosteiro, seu cabelo foi raspado, e o noviço enfiado num hábito rude, que a ele pareceu subitamente confortável.

O rapaz de Sobral recebeu depois um regulamento em linguagem rebuscada, que teve de reler continuamente para compreender. "Lembramos aos fradinhos da proibição omnímoda de se tocarem uns aos outros; os que não cumprirem essa regra serão punidos com o máximo rigor e nenhuma indulgência", dizia uma das regras.

Frei Sobral era atento, disciplinado, fraterno e cortês. Recitava capítulos inteiros da *Regra de vida* (espécie de Constituição dos capuchinhos), todo o *Testamento de São Francisco*, longas passagens de *Os Lusíadas*, de Camões. Mostrava controlada tendência para o rigorismo (as penitências e os jejuns impostos pela ordem). Encarava o cilício quase com indiferença. "Na época, nós noviços usávamos o cilício (uma corrente de arames de agarração aracnídea, usada entre o braço e o hábito) toda sexta-feira, das 5h30 até as 7h30." Casualmente, noviços notavam que ele continuava usando o penoso cilício "pelo resto da manhã ou mesmo do dia", conforme lembrou um rapaz de Quiterianópolis, cidadezinha no centro-oeste do Ceará, que se tornaria dos seus mais constantes colegas: Hermínio Bezerra. Apaixonado por etimologia, Hermínio estava desde os onze anos na vida religiosa e conhecera frei Sobral ainda como frequentador de cursos externos em Fortaleza, entre 1962 e 1963.

Frei Sobral tinha notabilíssimo senso de humor. Criava textos parodiando os *Fioretti* de São Francisco (causos religiosos misturando ficção e realidade), mas colocando os próprios colegas noviços como personagens. Exímio versejador, ele conseguia improvisar repentes por duas ou três horas seguidas, em tardes de passeio. Tinha vários traços que o distinguiam, segundo seu amigo Hermínio: inteligência, comunicação, alegria e bom humor, e contribuía para alegrar o grupo, com repentes rimados e tiradas cômicas. Escrevia com grande facilidade.

Algo da produção que o distinguiria no futuro já estava delineado ali mesmo, na vida monástica. A vida anterior em Sobral, a fase da infância do novo frade, ao contrário do que certos relatos biográficos contariam três décadas depois, não era adornada com sonhos de se tornar artista, repentista ou poeta. A cidade tinha pouco mais de 30 mil habitantes e toda a infância do rapaz foi gasta em banhos de rio ou na tranquila rua Santo Antônio, sem prédios até hoje, ainda mantendo suas árvores de ficus e benjamins nas praças, ainda ecoando música de igreja dos seus templos, além de rádios predominantemente musicais.

A rotina no convento, ao contrário, era dura, e a vivacidade intelectual dos frades gerava debates e indagações de toda ordem. Sobrava pouco tempo para a despreocupação e o ócio. Vivia-se em estado de alerta constante. O noviço que quebrasse algum objeto na cozinha se via obrigado a amarrar os cacos num cordão, dependurando-os no pescoço e indo até a sala do "capítulo", geralmente repetindo o ritual de beijar os pés dos superiores e pedir perdão por ter quebrado o objeto. A penitência muitas vezes se constituía em ficar de joelhos até decorar determinados capítulos da *Imitação de Cristo*, de Tomás de Kempis.

Às sete horas da manhã os noviços assistiam à missa. Depois, havia os cantos gregorianos e, em seguida, o café da manhã. Depois disso, recolhiam-se aos seus quartos em profundo silêncio.

Quando Belchior entrou na ordem, a instituição era uma gigantesca universidade no Ceará: contava com 79 professores, dos quais 32 sacerdotes; dezessete irmãos leigos e trinta estudantes de filosofia, teologia e científico, além de dez noviços, setenta seminaristas, 45 pré-seminaristas e postulantes leigos distribuídos em sete casas, sendo seis de formação.

Um dissidente da ordem daqueles tempos descreveu a árdua rotina do noviciado, um tipo de provação medieval. Segundo ele, quando se entrava em um convento da Ordem Capuchinha era preciso entregar tudo: os pertences pessoais, os documentos, trocar de nome e desistir da própria personalidade. Daí em diante, o fradinho passava a agir como autômato.

Não tinha vontade própria, nem permissão para exprimir seus pensamentos. Não se podia conversar durante as refeições. Às sextas-feiras praticava-se o jejum absoluto. Guaramiranga, apesar da austeridade, tinha fama de colônia de férias em meio a essa realidade.

Frei Domingos Teixeira Lima, capuchinho que estudou em Messejana de 1953 a 1957, descreveu uma realidade menos azeda em um belo texto sobre as férias dos noviços:

> O que catalisava as atividades dos seminaristas durante as férias era o passeio à praia da Jardilina. Na véspera, alguns passavam o dia todo na cozinha com frei Jesualdo Rios, preparando sanduíches, pastéis... Dormia-se mais cedo para se despertar à uma hora da manhã. Após breve asseio, rezava-se em latim, fazia-se breve refeição e a gente partia. Cada um recebia dois cocos verdes para levar. Nas sacolas, alguns conduziam sorrateiramente garrafas de gororoba – suco natural de caju enterrado no chão, que fermentava, virando vinho de caju.

A vida monástica atraiu o inquieto frei Sobral pela abrangência de seu debate intelectual. Era também a chance de obter uma condição social privilegiada para os jovens sertanejos de origem mais humilde, pois os capuchinhos desfrutavam de grande prestígio social e político. Em 1965, o então presidente da República, marechal Humberto de Alencar Castelo Branco, natural de Fortaleza, no auge de sua cruzada pela supressão de direitos civis, políticos e de pensamento, visitou o mosteiro de Messejana. Os noviços de Guaramiranga foram convocados para reforçar o esforço de acolhimento dos anfitriões ao ditador, e Belchior não escapou à chamada.

Apararam-se as barbas, os cabelos, engomaram-se os hábitos. Apesar da pouca idade, Belchior já sabia perfeitamente o que Castelo Branco representava e que tipo de sombra pairava sobre o país. No futuro, sua consciência dessa ruptura democrática o tornaria frequentemente vítima da censura. Naquela manhã, na foto dos capuchinhos com o ditador, alguns noviços aparecem rindo e fazendo graça. Belchior está sisudo, à esquerda, aparentemente ruminando a contradição que aquilo significava: uma profissão de fé que se ocupa dos pobres reverenciando um governo que retira dos pobres o direito ao esperneio, à reivindicação, à cidadania. "A opção pelos pobres é questionadora", escreveria anos depois um dos seus amigos de mosteiro.

Quando concluiu que não tinha vocação para a vida religiosa, mesmo considerado um estudante exemplar, ele foi até o superior, frei Pacífico, um homem generoso, mas seco nos modos. O frade já sabia do que se tratava, já tinham preparado seu espírito. "Você já pensou bem?", disse o superior. Frei Sobral respondeu, sem baixar os olhos: "Já pensei sim, e já decidi". Frei Pacífico se manteve imperturbável: "Pois então pode ir!", sentenciou. Em catorze palavras, concluía-se um período de três anos no coração da serra.

Frei Pacífico era seu diretor de estudos, a quem ele tinha a obrigação de comunicar a decisão. Hoje é possível sair da vida monástica com serenidade, mas naquela época era um drama. Os orientadores, como alguns ramos evangélicos de hoje em dia, sustentavam que aquilo era tentação do demônio, tibieza, falta de oração. Insistiam para que os dissidentes pensassem melhor. Isso significa que a atitude de frei Pacífico, embora parecesse dura, foi inusitada para a época.

Depois que saiu, por muitos anos, frei Sobral passou a usar seu verdadeiro sobrenome como cartão de visita, mas como se tivesse um acento circunflexo na letra "o". Pronunciava assim: Belchiôr. Antonio Carlos Belchior. Ele voltaria numerosas vezes aos conventos de Fortaleza, Sobral e Teresina para conversar com ex-colegas e demonstrava a mesma alegria e cordialidade dos tempos de frade. Sempre descrevia ideias e planos grandiosos. Na última vez em que viu Hermínio, em 1996 ou 1997, falou ao amigo de um grande projeto de "se isolar para traduzir, em linguagem popular, a *Divina comédia* de Dante Alighieri".

Frei Hermínio lembra alguns motes das improvisações de Belchior, o que lhe sugere que ele já tinha escrito, ali entre os capuchinhos, pelo menos uma de suas principais canções, "Galos, noites e quintais". Ou seja: Belchior gestou no claustro os versos que só gravaria em 1977, no disco *Coração selvagem*, treze anos depois.

> *Eu era alegre como um rio, um bicho, um bando de pardais*
> *Como um galo, quando a via... quando havia galos, noites*
> *[e quintais*
> *Mas veio o tempo negro e, à força, fez comigo o mal que a*
> *[força sempre faz*
> *Não sou feliz, mas não sou mudo: hoje eu canto muito mais.*

Surgiu uma afinidade instantânea entre frei Hermínio e Belchior, antes mesmo da vida monástica, devido aos mútuos desafios intelectuais. Ambos gostavam de produzir textos breves. Quando Belchior abandonou os capuchinhos, em 1966, deixou com Hermínio uma pasta repleta de textos produzidos naquele período, recomendando ao frade amigo que os queimasse.

"Após alguns meses, ele me escreveu pedindo os textos, se eu ainda os tivesse." Como não tivera coragem de queimá-los, frei Hermínio remeteu-lhe os originais. "Anos depois, eu percebi que tinha comigo ainda a cópia de um dos textos. É uma relação de pares de formigas. Ele escreveu essa peça satírica ao saber que um cientista planejava cruzar formigas de diferentes espécies." O texto é uma peça de humor ingênua:

ORDEM DE CRUZAMENTO DAS FORMIGAS DO CIENTISTA

Formiga-de-roça com Formiga-de-açúcar
Formiga-branca com Formiga-preta
Formiga-asteca com Formiga-caiapó
Formiga-argentina com Formiga-paraguaia
Formiga-mineira com Formiga-cuiabana
Formiga-cearense com Formiga-cigana
Formiga-de-fogo com Formiga-tecelã
Formiga-rica com Formiga-magra
Formiga-seca com Formiga-mole.

Após deixar o convento, o ex-frei Francisco Antônio de Sobral, o mais popular passarinho de canto anasalado que este país viria a conhecer, passou um tempo meditando sobre sua escolha. Ele contou a amigos muito próximos que tinha se desencantado com os capuchinhos porque chegou a presenciar abusos dos frades. Viu espoliação de gente muito humilde e também sevícias a filhos de camponeses. De qualquer modo, não havia mais retorno, e ele sentia alguma culpa por não ter descoberto a vocação dentro de si.

Gordini azul na orla

Em Sobral, a infância de Belchior tinha sido de diversão, curiosidade e orgulho. Em meados dos anos 1950, o rio Acaraú, que corta a cidade, ainda era limpo. As lavadeiras lavavam roupas nas pedras alvas e os moradores faziam piqueniques em suas areias e se banhavam em diversos pontos de suas margens, do córrego da Onça à Pedra Branca. O rio também dividia os ricos, que viviam a leste, dos pobres, que viviam a oeste. A proximidade com a serra da Meruoca conferia um clima ameno à cidade.

Não há sobralense que não saiba que, em 29 de maio de 1919, o Ceará assistiu à demonstração cabal da teoria da relatividade, de Albert Einstein. O fato deu-se da seguinte maneira: como era preciso um eclipse para provar a teoria (única maneira de saber a posição de uma estrela afetada pela força gravitacional do Sol), cientistas foram enviados às cidades que eram, àquela época, os locais mais adequados para se observar o fenômeno e fazer a contraprova de Einstein. Britânicos foram a Sobral para o teste; Einstein logo, logo virou um local, um amigo íntimo.

"O mundo moderno começou em 29 de maio de 1919, quando fotografias de um eclipse solar, tiradas na Ilha Príncipe, na África Ocidental, e em Sobral, no Brasil, confirmaram a verdade da nova teoria do universo", escreveu Paul Johnson, historiador inglês, no livro *Tempos modernos: o mundo dos anos 20 aos 80*, de 1983.

A façanha de Sobral foi cantada em verso e prosa, e o cordel a imortalizou em rimas como as de Eugênio Dantas:

Essa nova teoria
Devia ser comprovada
Sabem onde aconteceu?
Numa terra abençoada
Foi no ano dezenove
Toda Sobral se comove
Vendo a tese demonstrada

Belchior nasceu em 26 de outubro de 1946. Era um ano mais velho que Nilson, foi destacado por sua mãe para ser o guardião do mais novo. O rio Acaraú era o seu recreio: banhavam-se a três quadras de casa, nos fundos da igrejinha de Nossa Senhora da Piedade. Era preciso cuidado: quando chovia, o rio podia subitamente ficar violento e carregar tudo que encontrasse pela frente. Havia um vizinho que tinha um curral semissubmerso – os meninos de Otávio Belchior se banhavam dentro do curral para não serem carregados pelas águas.

Sobral era descrita por Belchior como o "entroncamento de todas as estradas que levam para o extremo norte". No alto-falante da cidade, entre canções estrangeiras, predominavam as músicas daquele que se tornou o primeiro grande astro nacional do sertão, Luiz Gonzaga. Eram canções que faziam brilhar os olhos do esperto Antonio Carlos. Ele gostava principalmente das parcerias de Gonzaga com Humberto Teixeira, como o baião "Respeita Januário", a valsa toada "Légua tirana" e o baião "Paraíba", hino cultural de uma terra.

Quando chegou à idade escolar, foi matriculado no tradicional Colégio Sobralense, destacando-se rapidamente pela espantosa memória e o aguçado senso de humor. Por essas qualidades, tornou-se o orador da quarta série. Mas não era um aluno extraordinário: em 1956, aos dez anos, seu boletim carregava as notas 5,5 para matemática e minguados 5,2 para português. Foi salvo pelo 9,0 em geografia.

A mãe de Belchior, dona Dolores, nunca deixou os filhos muito longe da igreja. Todos passavam pela primeira comunhão, pelas missas, pela oração antes de dormir, pelas confissões. Em meados dos anos 1950, já existia ali em Sobral um braço da Ordem Capuchinha. Os frades que flanavam pelas pontes da cidade estavam instalados na Igreja de São Francisco, instituição religiosa tatuada na pele do povo sobralense desde 1870, sede do Estudantado de Filosofia do Ceará. Frei José de Manaus orientava muitos vocacionados externos que sonhavam converter-se à ordem. Entre eles, Belchior, jovem papa-hóstia que nutria especial admiração pelos *Cânticos espirituais* de São João da Cruz.

Para o ensaísta e poeta mexicano Octavio Paz, os cânticos de João da Cruz se converteram na "experiência mística mais profunda da língua espanhola". O próprio João da Cruz referia-se a eles como "expressões amorosas de inteligência mística", coisas que não podiam "ser explicadas com clareza por meio de palavras". Aquilo maravilhava o pequeno Bel.

Mas o que o menino Belchior gostava mesmo era de criar galinha garnizé. Tinha várias no quintal e era obcecado pela sua criação, que alimentava cuidadosamente com frutas e verduras. Quando tinha sete anos e meio, chamou o irmão Nilson e pediu que colocasse sapatos e camisa limpa porque iriam viajar. Saíram de casa pela manhã bem cedo e seguiram a pé pelo caminho dos trilhos do trem, em direção a Santana do Acaraú, quase quarenta quilômetros distante dali.

Durante todo o dia, Belchior e Nilson caminharam pela linha do trem até um vilarejo que ficava treze quilômetros à frente. Chegaram por volta do meio-dia e foram até uma propriedade de um criador de galinhas. Belchior comprou quatro garnizés e as enfiou em dois sacos de estopa, retomando o caminho de Sobral. Os meninos chegaram à noitinha, com a mãe esperando na porta de casa. Ela não deu bronca, o pai não ralhou – naquele tempo, menino podia ir longe, a amplidão era parte do conceito da vida no sertão.

Belchior gostava de mitos e sempre soube como se misturar a eles ou recriá-los. Hoje, é muito comum encontrar relatos sobre seu passado, incluindo narrativas heroicas que o reportam como um ex-cantador de feira, repentista vocacionado, filho ou sobrinho de músicos ultradotados. Tudo cascata. Mãe que cantava em coral de igreja? Essa era uma história típica da mitologia dos artistas negros evangélicos norte-americanos, mas que não batia com a rotina eclesiástica das igrejas do Nordeste brasileiro.

Até mesmo a casa cheia é um ponto questionável. Belchior sempre dizia que tinha 22 irmãos, contando os filhos do primeiro casamento do pai, Otávio. Belchior era o 13º, "o galo", o primeiro a nascer em Sobral. Os filhos do casamento anterior, além de Wilson (o mais velho do novo casamento, contraído após Otávio ficar viúvo), nasceram em Coreaú, a 37 quilômetros de Sobral, onde o pai deles se casara pela primeira vez.

Haveria nove filhos do primeiro casamento, mais catorze do segundo. Mesmo nos cálculos dos irmãos, essa conta nunca fecha porque algumas das crianças não vingaram. Os primeiros filhos do clã Belchior passaram a infância em Coreaú, uma vila modesta perto da exuberância e da riqueza de Sobral, até 1943. Em busca de um comércio mais vibrante, o pai de Belchior mudou para Sobral e logo ele nasceu ali.

"Meu pai pretendia fazer os 25 bichos, mas parou no 23, o urso, porque não queria veado nem vaca", brincou Belchior numa entrevista a *O Pasquim*, nos anos 1970. Quem o conheceu sabe que esse tipo de sarcasmo não era característico de seu senso de humor; provavelmente, deixou que *O Pasquim* escrevesse o que queria.

Entre os filhos de Dolores e Otávio, dois foram natimortos. José Osmani morreu com oito meses. Já Stênio perdeu a vida ainda menino, em um acidente automobilístico no portão de casa. Os outros eram Wilson, Nilson, Antonio Carlos,

Francisco Gilberto, Emília, Lílian, Ângela, Otávio Jr. e Marcelo. Os filhos do primeiro casamento, mais velhos, também viveram por muito tempo sob o mesmo teto. Os mais próximos de Belchior eram José Nilo, Clementina, que se tornou freira, Maria Marfisa, Natalina e Maria Emília.

Toda vez que dona Dolores escutava Belchior falar do tamanho de sua família, ralhava com ele: "Não são 23, meu filho!". Ele começou a incluir esse número em sua mitologia pessoal na época do show de lançamento do primeiro LP, *Mote e glosa*, em São Paulo, em 1974, uma brincadeira que ele e o violonista Manassés se divertiam espalhando. Mas era próxima da verdade, realmente era uma família gigantesca.

A questão dos sobrenomes embaralhados desses irmãos de Belchior pode ser explicada como obra de um tabelião voluntarioso de Sobral. "O cabra tomava um mel", lembra o irmão do cantor, Francisco Gilberto. Cada vez que Otávio e Dolores iam registrar um novo filho, o cartorário fazia as anotações; depois, quando o documento chegava, o registrado trazia um sobrenome diferente da mãe. Fazia tanta burrada que, certa vez, Otávio, que vendia rapé, ofereceu rapé turbinado com pimenta ao cartorário, para se vingar.

Havia também uma tradição, comum nos cartórios do interior do Nordeste naqueles tempos, que ditava o seguinte: se o filho não tinha nome composto, carregava consigo também os sobrenomes maternos. Assim, Wilson se tornou Wilson Gomes Fontenelle Fernandes Belchior. Mas Antonio Carlos era somente Belchior, foi assim que ficou registrado seu nome na certidão de nascimento.

Belchior sempre gostou de botar mais lenha na fogueira das contradições biográficas em torno de sua figura. O pai, Otávio Belchior Fernandes, de vez em quando é descrito como sertanejo pobre, outras vezes como homem influente. "Olha, é muito interessante, comparado com a minha infância, a consciência de que eu fui um menino muito pobre, a minha família é de origem muito pobre. Eu não me lembro de nunca ter recebido dinheiro do meu pai pra nada", afirmou. Mas, em outra ocasião, Belchior declarou: "Eu não sei se tinha importância, mas o meu pai foi delegado, vice-delegado, tinha alguma coisa ligada com esse exercício, que eu sempre uni com a ideia dele ter sido juiz de paz, lá em Coreaú".

Otávio Belchior, embora não detivesse um poder econômico superlativo, sempre soube amealhar um relevante capital social ao longo de sua vida de cidadão. Era respeitado nas comunidades onde viveu. É provável que tudo seja verdade, porque as verdades são muitas no sertão.

Fisicamente, Belchior descrevia o pai como "alto, tranquilo e forte como um sertanejo". A mãe como "diferente, muito branca, traços afilados, o oposto do sertanejo típico". O avô fora dono de uma bodega que vendia tecidos – cáqui Floriano, mescla, pano de saco, farinha, fumo e "uma outra fazenda que até hoje não sei o que é, verde-oliva". O velho tocava flauta, os tios eram seresteiros e, "naturalmente, morreram disso", bromeou, certa vez.

Quando se estendia mais na descrição do pai, Belchior incluía até alguns dados sociológicos: "Meu pai foi bodegueiro [...] sabia ler, escrever, contar e se orgulhava de uma bela caligrafia. Eu confirmo isso porque eu tenho documentos escritos à mão por ele; ele foi, por exemplo, uma espécie de juiz de paz na roça." Mas a vida em Coreaú é remota e a vida em Sobral foi breve.

Otávio Belchior estava preocupado com a educação dos filhos. Em Sobral, só conseguiam cursar até a terceira série do antigo ginasial. Não havia perspectivas e ele começou a urdir a mudança para a capital. Queria formar todos os filhos, como dizia. Abriu um comércio na rua Governador Sampaio, no centro de Fortaleza, e trouxe a família dias depois.

A família chegou à capital em 1960, quando Belchior estava com treze anos. Instalou-se no bairro Parquelândia, antigo

Coqueirinho, na zona oeste da capital, em uma casa com pés de fruta no quintal. Ficaria a vida inteira nesse bairro, um dos mais prósperos de Fortaleza, com colégios, faculdades, boa oferta de restaurantes, serviços e supermercados. Conforme casavam e saíam da casa de Otávio e Dolores, os irmãos se estabeleciam na vizinhança.

Belchior foi matriculado no Colégio Estadual Liceu do Ceará, onde suas notas ficaram sempre acima da média. Formou ali uma turma de amigos que o acompanharia pelo resto da vida. Os outros meninos dessa patota eram mais velhos, tinham já quinze anos, mas ficavam fascinados com aquele pivete maneirista que conhecia como nenhum outro a Bíblia e romances franceses. Entre esses, estavam Cláudio Pereira (futuro jornalista), Barbosa Coutinho (futuro psicanalista) e Valmir Teles (futuro ator), além de Fausto Nilo (futuro arquiteto), garoto de Quixeramobim que se tornou unha e carne com Belchior e seu parceiro numa de suas maiores canções, "Nada como viver", do disco *Objeto direto*, de 1980.

Nem Belchior nem Fausto tinham a música como meta àquela altura, mas compartilhavam o fascínio pela literatura. Costumavam caminhar juntos pelas ruas de Fortaleza, especialmente a Liberato Barroso, a caminho dos cinemas do centro, cruzando da Conselheiro Estelita até a praça José de Alencar. Belchior não entrava nas sessões. Os amigos achavam que era por falta de dinheiro. Na verdade, ele tinha ainda uma trava em relação aos prazeres da vida. Achava que o cinema conspurcava sua pureza de beatinho.

Isso mudaria muito no futuro, como sabemos: a cultura de massa o fascinou, e ele se valeu dela em sua obra. "Marilyn, Greta, Marlene/Deusas que eu amei com as mãos/ na fumaça azul do cinema", cantaria o sobralense, anos depois, em "Beijo molhado". Mas, menino ainda, Belchior só se interessava pelos clássicos. Costumava dizer que não gostava de ler livro com menos de mil páginas. "Ele conhecia toda a literatura portuguesa, e não era nem Eça de Queirós somente, mas Camilo Castelo

Branco e outros menos difundidos", conta um daqueles velhos amigos do liceu, o maranhense Barbosa Coutinho (aliás, Barbosa não tem prenome, é Barbosa mesmo seu nome).

"Ele se impressionou comigo, mas eu tinha um patamar de conhecimento muitíssimo inferior ao dele. Mas, como ele nunca tinha visto gente que gostasse de Gonçalves Dias e soubesse recitar Gonçalves Dias, aproximou-se de mim. E eu também tinha lido todo José de Alencar. Não era Machado de Assis. Aí ele ficou ainda mais impressionado. Ele dizia que era coisa de índio. Mas era incrível, a gente com nossos quinze anos já tinha todo esse interesse", lembra Barbosa Coutinho, hoje um dos mais afamados psicanalistas de Fortaleza, homenageado por Belchior em um verso imortal ("Aí um analista amigo meu disse que desse jeito não vou ser feliz direito").

Mas Belchior era inquieto e seus olhos miravam além dos muros da escola. Mesmo após a mudança para Fortaleza, continuou frequentando as aulas dos frades, muitas vezes com fugas domésticas que duravam dias, para desespero da família. "Olha, essas fugas de casa foram constaaaantes", declarou Belchior certa vez, rindo. Quando ele sumia (na época, todo moleque que não estava às oito da noite na cama, estava sumido), a mãe mandava o irmão Nilson, um ano mais novo, atrás dele. "Eu sempre sabia onde ele estava. Era só procurar no meio dos sanfoneiros, dos tocadores de coco", lembra o irmão.

"Sempre fui um menino muito levado, inquieto, e isso me levou a fugir várias vezes de casa, mas eu sempre voltei", contaria muitos anos depois. "Essas fugas mais longas foram mesmo pra estudar no mosteiro, por exemplo, ou pra me ausentar de casa para ser estudante na cidade. Coisas da rebeldia estudantil necessária, né?", ponderou. "Num momento da vida, você tem que afirmar sua própria vontade e seu próprio modo de existência. Só existe liberdade onde você pode dizer não. Então, eu sempre disse o não que era necessário."

Ele já mostrava, ali no liceu de Fortaleza, uma tendência a dar bruscos cavalos de pau nos rumos da sua vida. "No primeiro ano científico, ele não apareceu. Não se matriculou. E desapareceu", lembrou Fausto Nilo. Belchior, naquele ano, procurara o pai e lhe comunicara uma amadurecida decisão: "Quero ser é frade, meu pai". Otávio achou curioso, mas não questionou a decisão do filho. "Então vá! Seja abençoado!", e Belchior foi se internar em Guaramiranga.

Fausto Nilo concluiria o curso do Liceu sem o menino de Sobral que tinha se tornado seu mais assíduo companheiro de caminhadas. Algum tempo depois, em 1964, na rua Major Facundo, escutou uma voz atrás de si: "Fausto, como vai?".

Era Belchior, vestido com roupas de frade franciscano. Foi somente aí que Fausto soube que ele ingressara no seminário de Guaramiranga. O menino do Liceu estava diferente, adquirira um tom de voz mais pausado, tranquilo. Deu a Fausto alguns conselhos sobre como deveria conduzir sua vida, os perigos a se evitar, o que o deixou desorientado, confuso. Então era esse o velho amigo das matinês? Como adquirira aquele tom místico, aquela "compenetração", como chamou. "Fiquei parado. Ele foi andando no rumo da Duque de Caxias e eu fiquei olhando muito tempo. Até que ele desapareceu", recordou Fausto.

De Guaramiranga, além da bagagem reforçada de filosofia, teologia, latim e cantos gregorianos, Belchior trouxe aquela característica que chamou a atenção de Fausto e que o acompanharia vida afora: o jeito pausado de falar, com uma entonação falsamente ordinária, sem picos nem falhas. Ao mesmo tempo, as palavras eram ornamentadas por uma perfeita dicção, refinamento feito de erudição íntima, sem afetação. O conhecimento vertiginoso chamava a atenção dos interlocutores e, muitas vezes, os intimidava.

Naqueles três anos longe dos velhos amigos, Belchior adquiriu, no regime de jejum social, o traço único que o colocaria num nicho particular dentro da música popular brasileira. Paradoxalmente, lhe deu também outros instrumentais. Fora com os seminaristas, ele contou uma vez, em entrevista à TV Cultura, que tinha aprendido "as coisas boas da vida: vinhos, charutos, mulheres". Além de cantar os salmos sete vezes ao dia. Gostava especialmente do salmo 136, o "Salmo do exílio", cantado em geral à meia-noite, deixando-o habituado à acústica da noite.

Subitamente, ele se viu de volta à casa dos pais, no Parquelândia. Àquela altura, Fortaleza tinha se tornado uma festa móvel. Grupos novos de teatro, os filmes de arte fervilhando nas sessões do Clube do Cinema, uma cena emergente de música popular autônoma e ambiciosa. Para entrar de novo na rotina dos velhos amigos, precisaria passar no vestibular. Começou a estudar sozinho, compenetradamente. Reencontrou Barbosa Coutinho e Fausto, mas notou que todos aqueles velhos camaradas estavam agora muito ligados em música, shows de rock e outros ritmos elétricos. Ele começou a ir aos saraus noturnos também.

Em Fortaleza, a casa de Belchior vivia cheia de amigos que chegavam para dormir, gente como Boghos Boyadjian, de família armênia e que sonhava em ser um grande pianista – acabou se formando médico e se tornando dono de algumas das mais famosas clínicas do Ceará. O "quarto dos homens" abrigava já seis rapazes, mas sempre cabia mais quando voltavam das noitadas.

Dona Dolores cozinhava para verdadeiros exércitos e se esmerava em pratos que deixaram saudades, como seu baião de dois, que os visitantes chamavam de "baião de dez": além de feijão e arroz, ela o reforçava com linguiça artesanal e queijo. Outro prato adorado pela família era galinha à cabidela. Dolores gostava de cozinhar, tinha o dom e dizia que isso vinha de sua ascendência francesa (seu Fontenelle vinha de Jean Fontainelles, pioneiro que casou com a brasileira Ana Correa da Luz em 1754).

Ao mesmo tempo, um rapaz que acabara de sair de um período de isolamento não conseguia evitar transparecer um tanto de estranheza, de alienação e mesmo de desinformação. O claustro é algo que certamente tonteia uma pessoa muito jovem. O noviciado foi um ano de profundo recolhimento; não se ouvia rádio, nem se lia jornal, não se podia escrever nem receber cartas ou visitas. Belchior só veio a saber da queda do presidente João Goulart e da instauração do regime militar no dia 13 de julho de 1964, quatro meses depois dos acontecimentos, na visita de um antigo diretor do seminário seráfico de Messejana. As leituras eram restritas às vidas de santos e a escritos de São Francisco.

Ele custou a se livrar dos hábitos de dormir e acordar cedo, meditar. Era um ritmo que permanecia: os frades acordavam sempre por volta das quatro horas da manhã, batendo um sino na porta de cada quarto, brandindo o slogan em latim *"Laudetur Jesus Christus"* e um *"Deo Gratias"* em uníssono. A um novo toque do sino, todos deveriam levantar e beijar o chão. Vestiam o hábito e iam à sala do "capítulo", onde se realizavam os rituais canônicos e os coros. Também meditavam, postados em duas fileiras. No fim, beijavam o chão duas vezes e a parte superior dos pés dos mestres, terminando por confessar três pecados. Belchior era visto pela família, muitas vezes, acordado de madrugada, parado, sentado na soleira da porta de casa.

O conflito entre a alma libertária de um jovem artista e a opção resignada pelo dogma, pela aceitação de uma verdade única, seguia como uma rotina física no jovem Belchior. Mas ele não havia sido absolutamente infeliz na companhia de Deus, embora tivesse operado um rompimento dramático, como se nota pelo pedido ao amigo frade para que lhe queimasse as anotações e textos produzidos no período do mosteiro.

Não foi por falta de coragem que Belchior não se ordenou. Ficou famosa a disposição de frei Sobral para enfrentar as durezas.

Sua irmã Clementina, do primeiro casamento do pai, que é freira, se orgulha até hoje do fato de que ele era o mais duro consigo mesmo. Dentro do mosteiro, só era permitido falar o estritamente necessário. O início da chamada caminhada dos capuchinhos em direção à modernidade, em 1966, após a abertura promovida pelo Concílio Vaticano II, chegou um pouco tarde: centenas de clérigos e religiosos abandonaram a Igreja antes disso, por conta dos regimes severos de isolamento. Turmas inteiras de seminaristas desistiram.

Os amigos dos dois mundos se lembram de um Belchior que seguia exigindo muito de si mesmo. Não gostava de parecer superficial em seus estudos de história e literatura. E se dedicava agora também a estudar os ritos, aqueles antigos ritos religiosos que ele já tinha a intenção de mimetizar, por sua estética de teatralidade e concentração.

No mesmo ano de 1966, o sobralense passou a frequentar os bancos de concreto do campus da Faculdade de Medicina de Porangabuçu, em Fortaleza. Passou em primeiro lugar no vestibular para medicina, mais uma mudança brusca de direção em sua vida. Em vez do exame da alma, agora ele mergulhava na crueza da dissecação de corpos humanos. Belchior, porém, já havia sido contaminado também pela *féerie* daquelas noites pagãs, e pelos novos desafios da juventude. Em 1968, corriam o mundo as palavras do famoso discurso de Daniel Cohn-Bendit, na Sorbonne, conclamando os estudantes a lutar contra a extrema direita. A mudança parecia estar nas mãos da juventude.

Flanando entre a boemia e a universidade, com roupas hippies, a bata branca, chinelos e bolsa de couro, o violão que empunhava pelos corredores, tudo isso não passou despercebido a um dos mestres mais rigorosos, o decano dos professores. De todos os confrontos que Belchior teria ao longo da vida, esse foi um dos mais exaltados. O decano passou a tratar Belchior como um aluno medíocre, embora suas notas fossem ótimas em todas as outras disciplinas. Na aula do velho mestre, aquele hippie não prosperaria.

Ao receber uma nota zero na avaliação bimestral, Belchior procurou o professor. "O que significa isso?", inquiriu. "Ora, é sua nota", devolveu um irônico docente. Belchior amassou a avaliação ali mesmo, olhou para a turma boquiaberta e bateu no peito. "Eu não preciso disso! Anote o meu nome, veja o meu rosto! O senhor ainda vai ouvir muito falar de mim."

Belchior saiu dali e, com a cabeça febril de ideias e mágoas, mergulhou na noite de Fortaleza a bordo do mais constante amigo daquele período, o estudante de direito de Piripiri, Jorge Mello, que tinha conhecido em 1967 e se tornaria um grande parceiro na música. O cantor de Sobral usava, então, cabelos compridos repartidos ao meio, tipo Príncipe Valente, e tentava correr atrás do prejuízo dos tempos de isolamento religioso ouvindo Beatles nas vitrolas dos amigos – já que não tinha uma. Belchior escolhia ali o caminho da música, mas só os muito amigos botavam fé em seu talento – no início, não cantava, era apenas letrista, e procurava se encaixar na nova ordem que surgia numa fervilhante Fortaleza.

Os longos poemas de Belchior fascinavam os amigos, mas o autor não dava um destino para eles. Como quase todos os intelectuais mais próximos estavam interessados em música, métier no qual Belchior era ainda peixe fora d'água, ele passou a fazer pequenas parcerias, oferecendo suas letras. Foi duro: sem conhecer rudimentos de música, mal dedilhava um violão, e sua formação em filosofia clássica, latim, caligrafia e teologia o aparelhava para quase tudo, menos para o coloquialismo da música da época. Escrevia epopeias, poemas épicos com uma métrica completamente particular, impossível de assoviar. No entanto, esse background garantia sua originalidade, o que o distinguiria dos demais.

Belchior complementava sua renda dando aulas de biologia no Colégio Santo Inácio, na rua Desembargador Moreira, enquanto ainda era estudante de medicina. Foi admitido em março de 1969 e dispensado em fevereiro de 1970. "Despedido do emprego de professor num colégio de jesuítas da cidade, aprendi, de uma vez por todas, a conhecer o meu lugar: não era para um inimigo da sociedade como eu andar na Companhia de Jesus", diria, em 2002, revelando que guardara mágoa daquela experiência. Mas foi no colégio que conheceu o amigo Rodger Rogério, que se tornaria parceiro e cúmplice na aventura musical, e também ali ajudou a organizar um festival de música.

Belchior comprou um Renault Gordini azul com a ajuda do pai e mergulhou nas noites sem fim do Bar do Anísio, onde era visto escrevendo letras nos guardanapos. Passou a exercitar a sedução da carne, algo que foi devidamente notado pela amiga Amélia Cláudia Garcia Collares, a Amelinha, moça de olhos muito claros, vinte anos e ares cosmopolitas.

"Belchior era um sedutor", declarou a cantora. "Com sua voz rouca, sua conversa afiada, agradável, divertida, e com seus abraços carinhosos. Um sedutor com jeito de índio, meio santo e meio profano. Ele tinha uma facilidade de criar e recriar histórias. As mulheres se derretiam e os homens ficavam fascinados com sua performance elegante."

Em algumas de suas canções, dez anos adiante, consagraria mesmo a metáfora cristã misturada à sanha de pecador, como em "Sensual", de 1978: "Minha voz quer ser um dedo/Na tua chaga sagrada/Uma frase feita de espinho/Espora em teus membros cansados/Sensual como o espírito/Ou como o verbo encarnado".

Belchior sabia, de imediato, que teria dificuldades que os outros não tinham. "As letras eram longas, eu era um cantor fanhoso, um cantor do Nordeste, não era um rapaz fino. "Mas o cantor tinha a seu favor uma efervescência cultural peculiar. Estava todo mundo no mesmo lugar na mesma hora e nas mesmas condições. Sem a responsabilidade dos grandes movimentos do Sudeste, sem o envolvimento midiático tropicalista, sem a dureza da resistência ao regime e embates com rejeição ou aprovação de tendências, os artistas criavam-se soltos ali. Em 1968, 1969 e 1970, reuniam-se sob as mangueiras da Faculdade de Arquitetura da Universidade do Ceará, palco de stripteases memoráveis, festas homéricas e shows lendários, e depois rumavam para o Bar do Anísio, na praia de Mucuripe.

Anísio (ou Anizio) era um ex-ascensorista gorducho que tinha uma barraca na qual vendia seu modesto peixe frito, pescado por ele mesmo. Ficava num galpão aberto em três lados, com paredes de carnaubeira e telhas com abundantes goteiras. Mas aqueles ruidosos universitários da Federal do Ceará acharam por bem estacar ali para saraus musicais e Anísio teve que se virar com a súbita demanda. Arrumou três mesas de madeira de caixote de maçã. No início, buscava cerveja em bares vizinhos para abastecer sua clientela, depois acabou adquirindo sua própria caixa de refrigeração.

No seu auge, em 1971, o Bar do Anísio se tornaria o maior celeiro artístico da nova música cearense, e aqueles universitários que o elegeram como anfitrião – Fausto Nilo, Raimundo Fagner, Jorge Mello, Rodger, Téti, Ednardo, Petrúcio Maia, Cirino e outros – converteram-se nas joias mais brilhosas da cultura musical emergente. As canções surgiam com naturalidade no Anísio, mas algumas delas só se realizariam anos depois.

Surgiam também os "bicos" profissionais, para custear a farra e a faculdade. Em Fortaleza, Belchior trabalhou durante três anos na televisão como produtor do programa musical *Porque Hoje é Sábado*, sob a direção de Gonzaga Vasconcelos. Esse programa seria a catapulta que impulsionaria as carreiras de Fagner, Amelinha, Petrúcio, Fausto Nilo e quase todos os que integraram aquela geração da música cearense.

José Ednardo Soares Costa Souza, o Ednardo, lembra com mais detalhes. Eles estreitaram a amizade nos bastidores dos programas semanais da TV Ceará, em Fortaleza. Entre 1968 e 1970, eram constantemente chamados para participar dos programas *Porque Hoje é Sábado*, *Show do Mercantil* e *Estúdio 2*. Participavam de todos os festivais de música de Fortaleza. Frequentavam também os mesmos bares: Bar do Anísio, Estoril, Gerbaux, o diretório acadêmico da Faculdade de Arquitetura, "todos acariciando suas primeiras composições", contou o compositor de "Pavão misterioso", o imortal tema da novela *Saramandaia*.

Foi num desses festivais que, em novembro de 1968, Belchior e Fagner, já habitués das rodas musicais, tiveram o seu primeiro enfrentamento profissional. No IV Festival da Música Popular do Ceará, os dois concorreriam e chegariam às finais. O primeiro classificado ganharia uma assinatura do jornal *O Povo* e um prêmio em dinheiro que seria doado pela Secretaria de Cultura do Estado.

Fagner ganhou com "Nada sou". Belchior ficou apenas com o quinto lugar com "Espacial", uma toada com traços de barroco e timbres de violas da região do Pantanal. A música foi defendida pela cantora Lúcia Menezes, que tinha apenas doze anos na época. O próprio Belchior e Pedro Gurjão a acompanharam aos violões. O sobralense sentiu o baque, tanto que chegou a dizer que pegara o segundo lugar. A menina prodígio Lúcia Menezes foi uma bela ousadia de Belchior. Aos três anos, quando morava na cidade natal, Itapipoca, ela ganhara o concurso Melhor Voz Infantil, promovido pela emissora de rádio local. A mãe a inscreveu dizendo que ela era "entoada".

A admiração por Belchior, no entanto, crescia entre os colegas. "Todo o pessoal do Ceará considerava Belchior um hábil e atento poeta e letrista, com belas melodias, dono de uma voz potente e bem característica, com uma obra musical perene na música popular brasileira, o que também é atestado por importantes intérpretes", afirmou Ednardo.

Nessa cena candente, em uma das mesas do Anísio, Belchior escreveria em um guardanapo de papel um clássico da MPB,

"Mucuripe", observando as jangadas que saíam para o mar de manhã e voltavam no fim da tarde. Chamou Fagner a um canto do bar, um dia, e lhe mostrou a canção, para a qual tinha uma música em mente. Fagner a levou para casa e, no dia seguinte, trouxe pronta a versão que ficou célebre.

O verso-chave da canção foi uma contribuição do filósofo Augusto Pontes, referência intelectual decisiva para todo o pessoal do Ceará. Após a morte de Pontes, em 2009, a família achou uma anotação em que ele falava do verso mais famoso da canção, e diferenciava sua contribuição da do cantor: "Vida Vela Vento Leva-me Daqui (minha) e Vida Vento Vela Leva-me Daqui (Belchior)".

Amelinha foi uma das primeiras a cantarolar "Mucuripe" – a canção foi gravada por Roberto Carlos, Nelson Gonçalves, Elis Regina, Maria Rita, Fagner, Oswaldo Montenegro e Zé Ramalho, entre outros. Apesar do fascínio que a canção exerce sobre intérpretes, houve um momento em que ela não foi unanimidade: Fagner contou, num programa *Ensaio*, na TV Cultura, que "Mucuripe" disputou um festival de música popular em Pernambuco e não conseguiu se classificar nem entre as quarenta finalistas.

"Fica uma nódoa para os organizadores", diria Fagner anos mais tarde sobre a indiferença com que Mucuripe (que ele chamava de "minha música") foi recebida. O 2º Festival Nordestino foi realizado em 1969, com semifinais em várias capitais nordestinas (do primeiro, Belchior não participara como compositor, embora tenha ido às semifinais como produtor do programa de TV de Gonzaga Vasconcelos).

Nessa época, Fagner ainda era menor e chegava ao bar de Rural Willys. Tinha que se mandar a partir de certa hora, porque o Juizado de Menores fustigava a garotada. Para sair de casa e poder viajar, Fagner teve que ser emancipado pelos pais.

Amelinha contou que ouviu "Mucuripe" pela primeira vez já na interpretação de Fagner no bar Gerbaux e depois no Anísio. O Gerbaux era um boteco perto da TV Ceará, onde rolava o programa de Gonzaga Vasconcelos. Amelinha ainda não era tão próxima dos novos cantores da terrinha. Ela havia se mudado para São Paulo, mas voltara para o Ceará um ano mais tarde por causa da doença do pai, que morreria pouco depois. Logo conheceu Fagner; Belchior foi depois. Ele ainda passava muito tempo na Faculdade de Medicina.

Quando Amelinha regressou definitivamente a São Paulo, onde estudava Comunicação na Fundação Armando Álvares Penteado, no Pacaembu, convidou Belchior, que não tinha onde ficar, a se hospedar na república que ela dividia com as irmãs, no mesmo bairro.

Amelinha tinha dezenove anos quando conheceu a turma toda. "*Belchiô* se tornou uma pessoa muito querida da minha vida. Tenho um carinho enorme por ele, aquela erudição que ele tem é sensacional. Sem afetação, sem dizer assim 'eu sei', é uma erudição divertida, com muito humor", ela contou.

Era fácil prever que Belchior pontificava como uma joia rara no meio daquela safra? "Sim. Eram vários. Uns ficavam lá em Fortaleza, mentes privilegiadas, pensadores, poetas. E os outros, como Belchior e Fagner, eu e Ednardo, a gente teve o carisma do palco. Belchior não tinha traquejo. Mas aquele jeito desajeitado era a marca dele."

No seu auge, o Bar do Anísio servia mais de trezentas pessoas bebendo ao mesmo tempo à beira da praia. "Quando a mesa cresce, a cultura desaparece", dizia uma das boutades preferidas de Augusto Pontes. Assediado pela especulação imobiliária, Anísio vendeu o terreno e junto com ele um capítulo importante da música popular brasileira.

O que pesa no norte cai no sul

A partir do Bar do Anísio, Belchior entrou em contato com a geração de novos astros cearenses que aspirava a um mundo de conexões planetárias, pop, de mutações continuadas, assimilação e mobilidade. Da filosofia de mesa de bar, Belchior mergulhou na política dos centros acadêmicos e das passeatas. Era, entretanto, uma ordem marcial de organização política, e Belchior não se encaixou completamente – afinal, vinha de outra ordem rigorosa, a dos capuchinhos. A influência do Centro Popular de Cultura, criado pelo grupo de Oduvaldo Vianna Filho, Leon Hirzsman e Carlos Estevam, no Rio de Janeiro, inspirava outras organizações pelo país todo. No Ceará, eram modelos iniciativas como o Cactus e o Grupo Universitário de Teatro e Artes, o Gruta, dois aríetes do teatro engajado da Universidade de Fortaleza, que trabalhavam a politização das estudantes com uso de dramaturgia, poesia e música.

Embora não estivesse disposto a deixar sua música virar veículo de sublevação estudantil, Belchior engajou-se na política da universidade. Um dia, em 1968, no bar que havia na frente da Faculdade de Medicina, comendo jia com farofa e tomando cerveja, ele e o colega Mariano Freitas, um elétrico estudante de Tauá, na região de Inhamuns, resolveram formar uma chapa de novatos ligados à Ação Popular para disputar a eleição para o Diretório Central dos Estudantes. Havia outras duas chapas. Uma delas, ligada ao PC do B e ao PCB, era encabeçada por José Genoino, mais tarde controverso líder petista, e

Fausto Nilo, melhor amigo de Belchior. Outra tinha o trotskista Arlindo Soares como líder. Todas as três foram muito bem votadas, e, por vantagem mínima, Genoino venceu.

Belchior fez muitos amigos em outros cursos da universidade. Um deles era José David de Menezes, que cursava engenharia. Era irmão da cantora Lúcia Menezes e de Dalgimar Menezes, professor de patologia. Menezes criou um cursinho pré-universitário para alunos carentes em Fortaleza, para aulas de reforço. O local foi cedido pela Rede Ferroviária e a mensalidade era simbólica. Os professores eram ele, David, que ensinava matemática, física e química; outro colega de Belchior chamado Batista, que ensinava inglês e biologia; e Belchior, que lecionava português, história e geografia. As aulas preferidas dos alunos eram as do professor Belchior, que desenvolvera, com citações, canções e poemas, uma espécie de aula-show que, contam as testemunhas, não faria vergonha às de Ariano Suassuna.

O Bar do Anísio, embaixada daquele ambiente de subversão e sedução, converteu-se numa espécie de ponte entre mundos. Por intermédio do programa *Porque Hoje é Sábado*, que produzia na televisão cearense, o amigo Jorge Mello se ocupava de trazer ao Ceará artistas como Trio Mocotó, Tim Maia, Gilberto Gil, Torquato Neto – e já fechava também canjas e shows no Anísio. Dali, de madrugada, levavam os notáveis correndo para o aeroporto. Isso aproximava a cena cearense, em formação, de nomes consagrados. Houve até uma deserção famosa: o violonista Piti gostou tanto do lugar que ficou por lá mesmo, em Fortaleza, por um ano inteiro, constituindo-se numa influência decisiva para aquela geração. "Deixaram lá uma figura maravilhosa que mudou nossas vidas. Piti ficou com a gente. Nos deu ritmos agressivos que a gente não tinha, tínhamos uma formação mais bossa-novista. Veio com a batida de Jorge Ben", lembra Jorge Mello.

"Esse foi o cara que mais me ensinou violão", recorda Fagner. "Eu fiquei fascinado, ele tocava um violão fantástico, e eu ficava a noite toda ouvindo o Piti tocar no Bar do Anísio. Só não gostava porque ele arranhava o meu violão todo."

Em 1968, os músicos daquele grupo de Fortaleza, consagrados em seu próprio quintal, já tinham se dado conta de que o seu lance eram os festivais. Começaram a participar de todos, com grande êxito. Eram apresentados ou aproximados por articuladores hábeis e acabaram criando uma comunidade que envolvia nomes como Petrúcio Maia, Zé da Flauta, o filósofo Augusto Pontes. Com o passar do tempo, a expansão desse grupo em número de integrantes e em qualidade culminou no trabalho que é a síntese da produção daquela geração: o disco *Meu corpo, minha embalagem, todo gasto na viagem*, de 1972, que reunia canções como "Beira-mar" e "Terral", de Ednardo, e "Cavalo ferro", de Fagner e Ricardo Bezerra. Foi produzido por Walter Silva, o Picapau, para a gravadora Continental. Nos créditos do álbum, estão os nomes dos artistas e intelectuais que gestaram essa preciosidade: Ednardo, Fagner, Ricardo Bezerra, Augusto Pontes, Francis Vale, Cláudio Pereira, Dedé Evangelista, Rodger, Tânia Araújo e Téti.

Estimulados pelo reconhecimento nacional que já granjeavam, os cearenses começaram a tecer planos de voos mais altos. Estavam quase se tornando os "chatos da cidade", porque todos os festivais locais os tinham como vencedores, alternando-se apenas a ordem nos pódios. Não havia uma competição de fato. Então, passaram a "importar" também apresentadores como Cidinha Campos e Ivon Curi, para espraiar e legitimar sua produção. Mesmo com esse esforço, vitorioso por um tempo, chegara a hora do impasse: era preciso se deslocar daquele mundo provinciano.

Belchior assumiu, então, a tarefa solitária da construção de sua personalidade única na MPB. A voz como intérprete de si mesmo só seria ouvida pela primeira vez no Festival

Universitário da Tupi, em 1971, no Rio, quando defenderia "Na hora do almoço", um clássico "joãocabralino" de primeiríssima grandeza. Mas o jovem estudante de medicina experimentava um momento de reconhecimento como compositor, e sua ascensão coincidia com a decisão daquele grupo de largar tudo e ir para o Rio de Janeiro ou São Paulo. Belchior, questionado por Jorge Mello, respondeu sem pestanejar: "Vamos embora". O amigo retrucou: "Mas você está no quarto ano de medicina!". Ele deu de ombros, e abandonou a faculdade.

Belchior chegou ao Rio de Janeiro em abril de 1971, de carona num voo do Correio Aéreo Nacional. Esperou vários dias no aeroporto até que apareceu uma vaga num voo de Fortaleza para o Rio. Mas, na escala de Salvador, o comandante militar viu o cabeludo e disse que não prosseguiria a viagem se ele não cortasse a juba. Belchior não teve alternativa. Trazia uma mala cheia de livros, textos complicados de filosofia, São Tomás de Aquino, Kierkegaard, Wittgenstein. Sem dinheiro, foi ficar com parentes no Méier.

De vez em quando, devido à dificuldade de encontrar transporte para casa, abrigava-se onde lhe ofereciam guarida. Um desses locais era a casa de Maria de Fátima Palha de Figueiredo, menina talentosa que havia chegado ao Rio aos onze anos, com a família, vinda de Belém do Pará. Era conhecida pelo apelido Fafá de Belém. O sofá da sala de Fafá tinha sempre travesseiro e lençol para acolher os músicos que frequentavam seu apartamento. "Havia sempre um violão encostado na parede e uma panela de comida no fogão" para amigos como Milton Nascimento, Wagner Tiso, Zé Geraldo, Ednardo, Amelinha e Belchior. "O Belchior comia de capitão, com as mãos", contou a cantora. "Minha mãe ficava assustada: 'Esse menino é retirante mesmo! Dá uma colher pra ele, coitado!'."

Os cearenses que vinham chegando moravam de favor e frequentavam jantares de executivos da música para mostrar seu trabalho e conhecer intérpretes que poderiam promovê--los. Figuras fundamentais de apoio nessa fase foram o empresário Reinaldo Zangrandi e sua mulher, Cássia. Eles ficaram amigos de Belchior e Jorge Mello e, influentes (Zangrandi era dono da fábrica de móveis Bérgamo), encararam como desafio pessoal promover os rapazes que chegavam. Os Zangrandi também lhes abriram as portas das festas cariocas.

Foi num desses saraus, na casa do escritor Manoel Carlos, levados pelo publicitário Carlito Maia, que os cearenses tiveram contato com o pessoal de Elis Regina. Também se aproximariam de produtores e executivos influentes, como André Midani, presidente da Polygram. Cinco anos depois, um dos maiores sucessos de Elis seria a composição de Belchior, "Como nossos pais", mas ela só o conheceria pessoalmente em São Paulo.

Fagner resumiu bem o sentimento de expatriado no Rio em uma entrevista ao jornal *O Povo*, em julho de 1976: "A maneira como nos olham e definem: somos os paraíbas das construções, os paus de arara das feiras de São Cristóvão. Os famintos. E aí chegamos e enfrentamos isso como se estivéssemos entrando em outro país. É uma batalha desumana essa de chegar e conquistar um lugar ao sol no meio de tanta fera. Eu vim disposto a arriar minha bagagem e não para levá-la de volta para casa".

Belchior, nesse ambiente quase hostil, encarava tudo com determinação. "Cheguei ao Rio com um monte de cartas de recomendações, de endereços de pessoas que podiam me ajudar na música e oitenta contos no bolso. O dinheiro sumiu logo, e as cartas, os endereços não me serviram, porque eu não encontrei ninguém."

Conseguiu um emprego de cantor num bar da praça Mauá, onde, em troca de um mirradíssimo cachê, tinha que cantar essencialmente tangos e boleros por exigência do dono. Conheceu Carlos Imperial, que o levou até a gravadora Odeon, e conseguiu mostrar suas composições. Mas a gravadora não se interessou. Tornou-se próximo do cantor Lúcio Alves, expoente da era de ouro da música nacional, o mais empenhado em convencer Belchior que sua arte tinha um lugar único no espectro da MPB.

O Rio de Janeiro acabaria se tornando uma escala transitória em sua carreira, mas o peso daqueles dias o levou a fundir a experiência no grande eixo metropolitano como se tudo fosse uma cidade só. Está em sua canção "Fotografia 3x4":

> *Pois o que pesa no norte, pela lei da gravidade*
> *Disso Newton já sabia!*
> *Cai no sul, grande cidade*
> *São Paulo violento, corre o rio que me engana*
> *Copacabana, Zona Norte e os cabarés da Lapa onde eu morei*
> *Mesmo vivendo assim, não me esqueci de amar*
> *Que o homem é pra mulher e o coração pra gente dar*
> *Mas a mulher, a mulher que eu amei*
> *Não, não pôde me seguir não*

Da Sobral da infância, carregava consigo uma miríade de influências que iam de Cego Aderaldo, Romano da Mãe d'Água e Inácio da Catingueira até Ray Charles, que tinha ouvido no alto-falante da cidade. E a memória das pequenas fugas para aventuras nas redondezas, aquelas que deixavam sua mãe em polvorosa.

Mas foi a partir da literatura que Belchior considerava que tinha criado e requintado a experiência profissional da música: João Cabral, Drummond, Verlaine, Rimbaud. A vocação aflorou na universidade, no contato com a música de Caetano, Chico Buarque, Gilberto Gil, "o que me pareceu ser a MPB mais requintada, que tinha ligação com a produção literária".

O encorajamento de alguns ícones da música fez com que Belchior perseverasse, que não abaixasse o topete para as dificuldades. Levado a dividir um pequeno apartamento com Fagner, Cirino, Jorge Mello e Teca, em Copacabana, ele insistia em sua estética muito particular. Que, naquele momento, encontrava mais eco nos festivais lá no seu quintal, em Fortaleza e arredores, que ele continuava frequentando.

Ao mesmo tempo já demonstrava gosto pelo sarcasmo, pelo chiste, a boutade. Em cada uma de suas entrevistas, o bardo de Sobral recriava aspectos da própria biografia, que desfilaria pela vida afora como se fosse um verbete decorado. Ele chegou a inventar seu próprio nome durante uma entrevista ao *Pasquim*, em 1982. Quase todos os verbetes de enciclopédia, reportagens e artigos posteriores sobre o artista trazem estampado o nome "Antonio Carlos Gomes Belchior Fontenelle Fernandes". Há inclusive processos judiciais contra ele publicados na Imprensa Oficial, nos quais esse cidadão é acionado. Mas ele é simplesmente Antonio Carlos Belchior, o resto é um sarro na posteridade – Carlos Gomes é homenagem ao compositor; Fontenelle Fernandes é homenagem aos sobrenomes dos pais que ele não carrega na certidão de nascimento.

Em entrevista ao programa *Ensaio*, da TV Cultura, em 1992, ele chegou a acrescentar mais um sobrenome na sua lista: Antonio Carlos Gomes Moreira Belchior Fontenelle Fernandes. Interpelado pelo entrevistador, Fernando Faro, o Baixo, que parecia saber da brincadeira, ele admitiu o nome real: Antonio Carlos Belchior. Mas, logo em seguida, se justificou: "Mas, Baixo, já tem uma tradição de grandes nomes na música popular brasileira: Caetano Emanuel Vianna Teles Veloso, Maria da Graça Costa Pena Burgos, Antonio Carlos Brasileiro de Almeida Jobim".

Sua trajetória, também amplamente reproduzida a partir da entrevista em junho de 1982 ao *Pasquim*, foi sendo mesclada de outros fatos inventados e muitos verídicos. Nessa complexidade de fatos que parecem se complementar e se anular, Belchior foi construindo uma biografia movediça, difícil de equacionar. Para piorar, ele recusou todos os papéis de estandartização que lhe ofertaram. Não quis integrar as coletâneas do chamado pessoal do Ceará, que as gravadoras lhe ofereceram inicialmente como chance discográfica e com o intuito de aglutinar em um único rótulo todos os artistas daquela geração.

Dois anos após deixar os capuchinhos, Belchior tinha abandonado completamente o mundo das abstrações religiosas e se agarrado às agruras da realidade brasileira com destemor. As andanças entre a Faculdade de Arquitetura e a de Medicina, os bastidores dos festivais, a companhia de figuras cultas como Cirino e Fausto Nilo, tudo isso o transformava numa espécie de rebelde solitário. Estava se armando para um confronto e queria se distinguir de sua geração. "A diferença é que alguns querem fugir, fazer da arte um instrumento de fuga. Eu quero fazer da minha um instrumento de toque, de punção desse real."

Suas canções eram atrevidas e desafiadoras. E isso vinha se construindo de longe. Por exemplo: embora a música "Pequeno mapa do tempo" tenha sido gravada em 1978, há pistas de que já teria sido composta em 1968 e que, na época, se chamava "Medo". Belchior até tentou registrá-la em 1977 com o título de "Medo", mas foi censurado, e a canção, revisada, acabou liberada para gravação (com outras correções impostas pela Censura). É uma canção erguida sobre os alicerces do poema "Congresso internacional do medo", de Carlos Drummond de Andrade, escrito sob o impacto da Segunda Guerra, em 1940. Um sentimento claustrofóbico, fugidio, marca toda a letra de Belchior, e hoje se vê que há poucos manifestos contra o autoritarismo tão incisivos e fortes na MPB.

O poema de Drummond dizia:

Provisoriamente não cantaremos o amor,
que se refugiou mais abaixo dos subterrâneos.
Cantaremos o medo, que esteriliza os abraços,

não cantaremos o ódio porque esse não existe,
existe apenas o medo, nosso pai e nosso companheiro,
o medo grande dos sertões, dos mares, dos desertos,
o medo dos soldados, o medo das mães, o medo das igrejas,
cantaremos o medo dos ditadores, o medo dos democratas,
cantaremos o medo da morte e o medo de depois da morte,
depois morreremos de medo
e sobre nossos túmulos nascerão flores amarelas e medrosas.

E assim se fez "Pequeno mapa do tempo":

Eu tenho medo e medo está por fora
O medo anda por dentro do teu coração
Eu tenho medo de que chegue a hora
Em que eu precise entrar no avião

Eu tenho medo de abrir a porta
Que dá pro sertão da minha solidão
Apertar o botão: cidade morta
Placa torta indicando a contramão
Faca de ponta e meu punhal que corta
E o fantasma escondido no porão

Medo, medo, medo, medo, medo, medo

Que esse canto torto corte a carne de vocês

A primeira vez que cantou, Belchior não cantou sozinho. Teve ajuda profissional. A seu lado, interpretando "Na hora do almoço", em 1971, no palco do Teatro João Caetano, estavam dois crooners da noite carioca, Jorginho Telles e Jorge Nery, que cantavam em bares do Rio de Janeiro nos anos 1970 e foram contratados para dar peso à sua interpretação. A ideia foi de Manoel Carlos.

Manoel Carlos, o Maneco, tinha assumido o cargo, na TV Tupi, de diretor do Festival Universitário da emissora. Um rapaz falante e esperto do Ceará, recém-contratado como assistente de direção musical do programa de Cidinha Campos, o procurou para mostrar a gravação de uma música de um amigo que viera consigo para o Rio de Janeiro. Era a composição "Na hora do almoço", de Belchior. O rapaz era Jorge Mello, velho amigo de Piripiri, que tinha notáveis vícios: os amores por uma boa conversa, uma história bem contada, pela mulher de uma vida toda, Teca, e pelos bichos soltos na natureza. Jorge se tornaria parceiro de Belchior em 29 canções. Na época, Bel morava com ele em Copacabana, numa quitinete na esquina das ruas Barata Ribeiro e Santa Clara.

Manoel Carlos adorou a música, mas Belchior teria necessariamente de estar ainda matriculado num curso universitário para participar do festival, era um pré-requisito da inscrição. E ele havia abandonado a faculdade no quarto ano. Jorge Mello garantiu a Maneco que conseguiria a documentação necessária.

"Fui a Fortaleza e consegui providenciar a documentação. Ao voltar ao Rio, inscrevi o Belchior no festival como ainda devidamente matriculado na faculdade."

O primeiro cantor de apoio que eles procuraram para ajudar Belchior topou. Era Jorginho Telles. Mas Manoel Carlos ainda não estava convencido, pediu mais um cantor. Jorge Mello lembra: "Eu não poderia ser esse cantor, porque era contratado da emissora. O regulamento proibia intérpretes contratados da casa. Mas eu conhecia um outro cantor, Jorge Nery, vizinho nosso ali em Copacabana. Fomos atrás e ele topou."

A túnica que Belchior usou naquele dia, assim como o violão, era emprestada de Jorge Mello. Com essa roupa ele eternizou sua figura ainda imberbe como o grande vencedor do festival nas fotos da revista *O Cruzeiro* de agosto de 1971, que perfilou o triunfante Belchior. Ele ganhou o troféu Bandolim de Ouro, além de um prêmio em dinheiro e uma viagem à Europa. Em vez da passagem, Belchior optou por pegar tudo em dinheiro, com o qual comprou um violão Giannini e pagou uma infinidade de pequenas dívidas que contraiu em sua dureza carioca.

Jorginho Telles, já falecido, iniciava naquele começo de década, ele mesmo, uma carreira discográfica: gravou naquele ano um LP pela Copacabana, *Tristeza tristeza*. Era de outro ramo, tinha um pé no suingue, possuía certo domínio da black music, funk & soul (existem vídeos dele no YouTube cantando "Superbacana", "Sou brasileiro" e "Estou na minha"). Jorge Nery virtualmente desapareceu, não há muita informação sobre ele. Mas sua parceria histórica com Belchior lhe reservou um lugar na posteridade.

Até o festival, Belchior não cantava publicamente. Apenas compunha. Quem interpretava suas canções eram os amigos talentosos da turma do Ceará, nas mesas dos bares de Fortaleza. Havia sérias dúvidas sobre sua performance, por isso lhe arrumaram reforço para aquela estreia em festival tão crucial. A versão de "Na hora do almoço" que ele apresentou tinha uma pegada sincopada, meio sambística em alguns trechos. Às vezes, um dos Jorges (Telles ou Nery) cantava e ele apenas fazia *scats* em cima, como um lamento nordestino.

Era uma época em que, apesar de tudo parecer permitido, se exigiam credenciais profissionais de todo mundo, e a voz e a postura de palco de Belchior não se pareciam em nada com aquilo que havia de estabelecido no mercado musical. Poucos artistas no mundo saíam dessa esfera da potência ou da precisão – mesmo João Gilberto surgiu com a promessa do sussurro perfeito. Tudo era a busca da perfeição. Bob Dylan foi quem rompeu definitivamente o cerco.

"Não sou um cantor excelente. As pessoas estão interessadas demais em perfeccionismo. Acho um preconceito muito grande. Para mim, a beleza é um subproduto da arte", disse Belchior em entrevista à revista *Veja*, em 1976.

O poeta Allen Ginsberg, em seu texto de apresentação do disco *Desire*, de Bob Dylan, escreveu: "a voz içada por uma cantilena de hebreu nunca dantes ouvida na tradição da canção americana, um sangue ancestral cantando, uma nova era".

Há grande parentesco dessa definição com o universo que Belchior criou. A cantilena hebraica que Dylan importou para a música folk e o rock expandiu percepções. A herança de Belchior foi sua apropriação informal dos cantos gregorianos, aprendidos no tempo do convento, além da linguagem elástica de uma tradição literária épica – somando-se a isso o aboio tradicional, o canto derramado do sertão, as orações da mãe.

"A origem do canto falado nordestino é toda ibérica ou provençal, assim como sua tendência épica e picaresca, e a forma poética dos cantadores de rua é toda ibérica, com as letras longas. Há mesmo reminiscências das coisas mouras", disse o cantor cearense certa vez. A voz esganiçada da lavadeira de beira de rio, a carpideira que canta chorosa no enterro, a mulher que se alegra no coro da igreja. A voz nordestina é composta disso, de dolência e grito, ponderou Belchior. E seu sentimento intacto precisava ser incorporado à contemporaneidade. "Eu acho que Elba é a maior intérprete desse universo nordestino, ela pode perfeitamente desempenhar o papel que Elis desempenhou, só que em relação a outro determinado universo de autores, de sentimentos, ideias e emoções", continuou. "As pessoas que experimentam esse estranhamento é porque não conhecem uma certa diversidade musical. A elegância de Jackson do Pandeiro, o expressionismo de Luiz Gonzaga, a pobreza de meios e o sentimento de João do Vale, que é puro blues: nós somos todos filhos disso."

"Um novo mundo é somente uma mente nova", disse o poeta William Carlos Williams. É importante notar que Belchior criou para si um mundo novo apenas afirmando sua ideia nova do mundo. "Posso não ter bom gosto, mas tenho grande gosto", ele disse, mostrando que não cristalizara sua capacidade de absorção do tempo presente: a poesia falada do rap, o *rhythm and poetry*, entrou em sua música, assim como o samba de breque e o aboio dos cantadores do Nordeste.

Belchior via um *continuum* histórico na música popular e deixava-se ficar à deriva dentro desse evolucionismo. "É mais ou menos assim: a GE sempre vai fazer lâmpadas melhores do que a que Thomas Edison inventou. Mas ele fez, ele criou, e se as pessoas gostam ou não, é outra coisa." Para Belchior, a tradição poderia ser vigente, desde que aliada às técnicas e qualidades contemporâneas.

Ao assumir a própria voz e dar-lhe contornos de aríete estético, naquele ano de 1971, Belchior encampava a tese de que o canto vocal, assim como a composição, não pode se eximir de certa responsabilidade de materializar identidades culturais e sociais. "Cantar não é cantar/cantar é fazer, refazer/Deixa essa deixa no ar/é possível apressar o amanhecer", cantou ele, na parceria com Toquinho em "Alegoria das aves".

Como Mário de Andrade descrevia no livro *Vida de cantador*, o timbre anasalado era base para um tipo de declaração de independência. Assim escreveu Mário: "A voz de canto de Chico Antônio é magnífica, já um pouco estragada por noites inteiras de abuso. Mas nos dias em que Chico Antonio está 'de voz', não é possível a gente imaginar timbre mais agradável. Timbre nosso muito firme, sensual, acalorado por esse jeito nasal de cantar que é uma constância de todo o povo brasileiro. Apenas Chico Antônio quintessenciou esse nosso jeito de cantar. É um nasal discreto, bem doce e mordente, um nasal caju".

O Chico Antônio ao qual Mário de Andrade se refere era o embolador potiguar, que também foi reverenciado pelo historiador Câmara Cascudo. Era um agricultor que cantava cocos enquanto capinava e sonhava ser cantador profissional. Foi levado a Mário de Andrade por um anfitrião de Vila Nova, e sua arte está descrita também no *Turista aprendiz*.

"Eu grito em português", canta Belchior em "A palo seco", a segunda música de seu primeiro disco, *Mote e glosa*, de 1974. Era a admissão de um pendor ativista. Luiz Gonzaga, não custa lembrar, teve detratores por conta do seu canto desabrido. "Parece que está vendendo jerimum na feira", disse alguém. Gonzagão tornou-se um dos maiores astros pop do país em sua época, condição na qual permanece até hoje.

Quanto ao universo poético, era uma incógnita para os produtores: as pessoas incultas não poderiam compreender completamente Belchior, mas também ele não lhes exigiria isso – a base de sua canção é popular e seus apetrechos são de artesão. Não preconizava apenas a celebração do conhecimento do povo, mas a capacidade de emocionar-se com ele.

"Eu sou um compositor da nova geração que está interessado em conteúdo. Eu me repito na medida em que a grande arte se repete, eu me repito na medida em que os grandes pintores pintam sempre os mesmos quadros, na medida em que os poetas escrevem as mesmas poesias. É claro que minhas melodias são melodias fáceis, redundantes, e a minha letra é mais importante que a música, assim como as letras do Chico são mais importantes que a música, e a melodia do Pixinguinha é mais importante que a letra."

Belchior, antecipando-se à crítica, tirou de muitos resenhistas o gostinho de analisar preconceituosamente suas músicas. "Minha fala nordestina, quero esquecer o francês", cantou, em "Tudo outra vez". Ele mesmo "se criticou", dando um caráter de autocanibalismo às suas canções. Antes que zombassem do seu jeito de cantar e de sua voz anasalada, como se isso se convertesse num *handicap*, ele cravou em "Onde jazz meu coração":

Ah, minha voz, rara taquara rachada
vem soul-blues do pó da estrada
e canta o que a vida convém!
Vem, direitinha, da garganta desbocada
mastigando inhame! inhame!
cheinha de nhém nhém nhém.

Essa disposição de confrontar as ideias estabelecidas de estética, de especificações, de preconceitos, também comparece em "Ploft", dele e de Jorge Mello, na qual ele diz: "Ah, se eu pudesse cantar de verdade, dançaria". Ou seja: talvez, se fosse um Caruso ou mesmo um Carreras, ele se insurgisse contra esse destino de cantor perfeito e acabasse mesmo virando um Baryshnikov torto.

A condição de antimodelo sempre foi destacada no lirismo de Belchior, muitas vezes com sarcasmo e ironia, mas sempre de forma elegante, como na canção "Tocando por música": "Hoje eu não toco por música. / Hoje eu toco por dinheiro. / Na emoção democrática de quem canta no chuveiro".

Num encontro com Belchior em 1995, o jornalista Celso Masson quis saber a opinião do artista a respeito de um grupo de Guarulhos que despontava na cena pop, os Mamonas Assassinas, que satirizava a "voz fanhosa" e os "versos intrincados" do artista cearense na canção "Uma Arlinda mulher". De fato, a letra tira sarro de forma meio tosca da lírica de Belchior ("Te falei que os pediatra é o doutor/ responsável pela saúde dos pé/ o 'zoísta' cuida dos 'zoio' e os oculista/ Deus me livre nunca vão mexer no meu"), e a voz de Dinho, na canção, imita um sotaque nordestino anasalado típico, facilmente reconhecível com a associação entre letra e música. Belchior respondeu que não se importava com a sátira e se declarava "comovido" em fazer parte das referências musicais de uma geração tão distante da sua.

Ao observar atentamente o universo musical de Belchior, veremos que ele é multidisciplinar: blues, rock, baião, disco music, rock 'n' roll, folk music, rap. Há momentos em que demonstra nutrir um afeto extraordinário por gêneros alienígenas não tão badalados no pop nacional. É o caso da música country, algo que, a despeito do southern rock dos anos 1970, não era tão comum no seu tempo. Não por acaso, uma das músicas mais contundentes de *Alucinação* é um country, "Não leve flores": "O inimigo eu já conheço, sei seu nome e endereço". Há baladas country oblíquas belíssimas em seus discos, escoradas em versos sofisticados. A apropriação sertaneja que Belchior faz dos falsetes do country enseja um estudo de caso especial dentro de sua obra – ele voltaria ao gênero de forma menos solene em uma gravação com Amelinha e Ednardo num disco posterior do pessoal do Ceará, cantando "Medo de avião".

O country, em dado momento, era associado ao kitsch, ao brega, não desfrutava de popularidade no Brasil, como ainda não desfruta. Belchior não se importava com isso, mas toda vez que se apropriava de um gênero estrangeiro, ele usava isso como um meio de atingir sua meta, de fundir sua leitura da brasilidade com a geografia cultural do mundo.

De Nashville pro sertão (se engane não)
Tem muito chão! Tem, meu irmão, muito baião!

"Eu não preciso afetar nenhuma nordestinidade, nenhuma brasilidade, nenhuma cearensidade porque isso já é natural em mim. A minha preocupação é justamente ver e pegar os elementos que estão aí à disposição dos criadores, artistas, e trabalhar com isso. Se você observar atentamente você vai ver que a minha música tem todas as minhas raízes culturais, folclóricas, regionais, nordestinas", afirmou ele em entrevista ao *Jornal de Música*, em 1977. "Eu não quero envernizar o folclore, eu não quero fazer o que o povo faz muito melhor do que eu. Eu defino música popular de uma forma ideológica: é aquela que está do lado do povo."

A obra-prima que te fez passar fome

Num apartamento da rua Frei Caneca, na região da avenida Paulista, em São Paulo, numa madrugada quente, Belchior aceitou a cerveja que o amigo Marcus Vinicius lhe oferecia e sorriu com um sorriso de missão cumprida. Parecia esgotado, mas inegavelmente feliz. Tinham saído do estúdio no qual vinham trabalhando havia algumas semanas, o antigo Estúdio Sonima, na avenida Rio Branco, e concluído as orquestrações do disco de estreia de Belchior. Belchior costumava chegar à rua Frei Caneca muito cedo, caminhando, mas agora era hora de festejar.

O Sonima tinha uma alma eclética, abrigara tanto as gravações da banda Apokalypsis, de rock progressivo, quanto o disco *Elis*, de Elis Regina, outra pérola de 1974.

Passaram semanas ali, afinando as ideias e esboçando o conceito que Belchior buscava. "Ele ficava espantado quando ouvia suas músicas com acordes e dissonâncias que nunca havia imaginado que podiam conter", lembra o maestro, arranjador e produtor Marcus Vinicius Andrade. Para alcançar seu sonho, Belchior se cercou de músicos de estúdio. Na época, dizia-se (com certa razão) que os músicos de estúdio de São Paulo estavam entre os melhores do mundo. Muitos maestros estrangeiros afirmavam isso. Ele e Marcus Vinicius convocaram as melhores cordas, os melhores sopros. "A intenção conceitual do disco era encontrar uma modernidade brasileira, não roqueira, amparada na tradição orquestral nacional, mas com acentos de

George Martin [arranjador e produtor dos Beatles], sem carregar na nordestinidade empostada e outros decalques. Algo que tivesse a ver com a modernidade das letras de Belchior", assinalou o produtor.

Ninguém imaginava que a música de Belchior, em que predominava o discurso literário, pudesse ser tratada com maior rebuscamento sonoro, orquestral. O disco estava convergindo para um resultado difícil de reproduzir nas apresentações ao vivo, o que explica por que Belchior passou a trabalhar com pequenos grupos na época.

Finalmente, pela Chantecler, saía seu primeiro disco, ao qual ele deu o título de *Mote e glosa* (mas que também é conhecido como *A palo seco*) e que insinuava um choque estelar entre a música nordestina tradicional e a mais fria tradição concretista, insolente. "Você que é muito vivo/ Me diga qual é o novo?", inquiria. A imprensa especializada chegou a ver uma aproximação "com a verbivocovisualidade de James Joyce" em brincadeiras verbais como a da música "Bebelo": "Bala Bala Bala Bala Embalagem". Muitos críticos e admiradores de sua obra sustentam, ainda hoje, que o primeiro álbum de Belchior é o seu melhor disco.

Poucos, no entanto, o receberam bem naquele ano. Um deles foi Dallor Varela, na revista *Veja*, de 15 de maio de 1974, que escreveu o seguinte: "Valeu a pena esperar. Seu LP de estreia mistura belíssimas cantigas nordestinas com misteriosos e instigantes poemas concretos. E a sua voz, áspera e seca 'como a dos vaqueiros do sertão', corre pelos versos saudavelmente influenciados por João Cabral de Melo Neto, com a agilidade de um coral e o vigor de um jegue".

Marcus Vinicius Andrade, produtor daquele primeiro trabalho de Belchior, tinha uma trajetória similar à do cearense. Pernambucano criado na Paraíba, chegou ao Rio de Janeiro em 1969 em busca de se tornar músico profissional. Em 1967, classificou-se em terceiro lugar no Festival da Paraíba, quando interpretou a composição "Poeira", feita em parceria com Marcos Tavares. Já no Rio, entrou para o conservatório e um ano depois já era professor. Naquele mesmo ano de 1974, estava em evidência com um disco experimental cultuadíssimo, que o próprio Belchior tinha como uma pedra de toque da nova música brasileira: *Dédalus*. Sua carreira o levou a fazer trilhas de cinema e tornar-se, em 1998, diretor artístico do Selo CPC – UMES de São Paulo.

Ao chegar a São Paulo, Belchior encontrou em Marcus Vinicius o parceiro perfeito. Pós-tropicalista vanguardista, desafiador, Marcus se tornaria mais tarde produtor de peso, com responsabilidade no lançamento, por selo próprio, de álbuns de artistas como Papete, Cartola, Dércio e Doroty Marques, Os Tapes, Quinteto Armorial, Paulo Vanzolini, Donga e ele mesmo.

Naquele início dos anos 1970, Marcus Vinicius era o mestre, Belchior o aprendiz. "Belchior tinha algumas ideias ousadas no campo das letras, o que decorria de sua formação literária. Ele sempre foi um grande leitor de poesia", lembra Marcus Vinicius. "Creio que foi isso que nos aproximou. Lembro que falávamos muito na necessidade de buscar uma saída pós-tropicalista para a música brasileira de então, que estava se tornando muito repetitiva, correndo o risco de tornar-se apenas um subproduto 'roqueiro'. Eu achava que deveríamos buscar alternativas nas referências da música contemporânea, em autores de vanguarda como Boulez, Messiaen e outros. Como tínhamos liberdade para fazer o disco, sem limites de orçamento e criação, usamos orquestra completa em algumas faixas. Isso era ousado na época."

O título do disco, *Mote e glosa*, reflete algumas das escolhas do compositor. A palavra "glosa" vem do latim *glossa*, que quer dizer "palavra obsoleta ou de origem estrangeira", e também é encontrada no grego, *glossa*, que significa "idioma, língua, ouvir falar". Na literatura brasileira, é um tipo de poema utilizado pelos poetas do Nordeste, principalmente os cantadores. Belchior juntava a sua origem com a iniciação ao latim, os arcaísmos da origem com a projeção da alma poética. Com estrofes de mais de dez versos, que respondem a um desafio expresso em forma de mote (composto por dois versos), a glosa é a expressão de seu conceito. Composições de estruturas visuais, teor concretista, repetição minimalista de ideias: não são poucos os que acham que *Mote e glosa* é uma obra-prima – pela rejeição de público que teve, uma amarga obra-prima.

A primeira faixa do disco começa com um xote progressivo, o som metálico do triângulo e da percussão seca sob uma guitarra e uma seção de pífanos, e um ritmo irresistível de pé de serra desenrola o novelo de "é o novo é o novo é o novo é o novo é o novo", um ciclomanifesto que vai se reafirmando de canção em canção. "Passarinho no ninho/tudo envelheceu/cobra no buraco/palavra morreu/Você que é muito vivo/me diga qual é o novo?", canta Belchior.

"Tenho vinte e cinco anos/de sonho de sangue/e de América do Sul", ele expõe, em "A palo seco", nome que significa "sem acompanhamento", o que é o oposto do arranjo, que tem saxofone e cordas por todo canto. "Sei que assim falando pensas/que esse desespero é moda em 73."

O ano de 1973 foi de feridas fundas. Os militares expandiam seu reino de sombras sobre o Chile e o Uruguai. Aumentavam os desaparecimentos políticos e a ditadura se jactava do milagre econômico. Belchior derramava em versos sua indignação e a disposição para o combate. "O projeto de um artista não pode mudar a situação. Pode oferecer condições para que ela mude."

A sonoridade nordestina perpassa também "Senhor dono da casa", a canção seguinte, com a flauta costurando os versos francamente credores de João Cabral. "Ai meu senhor dono da casa/acorde pois o sol quer lhe dizer/que a morte fez metade do caminho/Abra que sou seu vizinho/abra pra me responder." O pedido de socorro contra o recrudescimento da ditadura não é pedido de refúgio, este está em Deus, único ombro amigo do sertanejo. "Que homens são esses, que andam guerreando de noite e de dia? Padrinosso, avemaria!"

Em "Cemitério", a construção concretista se assenta sobre um arcabouço roseano, citando explicitamente *Grande sertão: veredas*, numa letra em que homenageia a segunda cidade mais importante da Paraíba, Campina Grande. Já nessa época, Belchior tinha inúmeros amigos em Campina e costumava passar longos períodos lá. Campina Grande, quase metrópole, quase sertão, cidade que poderia ser capital e poderia ser interior, essa dualidade é explorada na letra do compositor:

> *O cemitério é geral*
> *A morte nos faz irmãos*
> *Tu nessa idade e não sabes*
> *Tudo é sertão e cidade*
> *Tudo é cidade e sertão*
> *Campina grande – vereda geral*
> *Eh! vila eh! cidadão*
> *Campina grande – vereda geral*
> *Eh! civilização*

Marcus Vinicius e Belchior nunca mais produziram nada juntos, embora tenham até feito shows dividindo o palco. Isso aconteceu porque as condições de liberdade artística que a Chantecler e sua coligada Continental, pela qual Vinicius gravou *Dédalus*, lhes propiciaram no ano de 1974 não teve seguimento. "Apesar de nossos discos terem figurado em muitas listas de Melhores do Ano de 1974, os resultados de vendas não foram alentadores e aquelas gravadoras resolveram desistir de projetos mais ousados", contou Marcus.

Além disso, o próprio Belchior resolveu mudar sua persona musical, adotando uma postura mais camerística, mais dylanesca, adequada ao perfil de cantador nordestino que ele sempre teve. Desde então, passou a trabalhar com pequenos grupos e a colaboração de um arranjador orquestral já não era necessária. Mas continuaram muito ligados pela vida afora.

Belchior fazia show onde quer que fosse: igreja, cabaré e até cadeia. Não era mais um garoto e não podia dar tiros a esmo, precisava disparar no alvo. Alimentava seu mito com talento, além de perseverança e senso de humor. Mas não era um compositor fácil, porque assumiu desde sempre um diálogo de ironia e enfrentamento com seu tempo e seus antecessores. "Não me peça que eu lhe faça uma canção como se deve/ Correta, branca, suave, muito linda, muito leve/ Sons, palavras, são navalhas/ E eu não posso cantar como convém, sem querer ferir ninguém." Suas canções serviam como diálogo com seus contemporâneos e sua época. "Veloso, o sol não é tão bonito para quem vem do Norte e vai viver na rua" – ao contrário da aparência de rivalidade desse verso, Belchior sempre disse que achava Caetano Veloso o maior entre os compositores do país.

Em busca de subir degraus rumo ao sucesso, Belchior dava suas primeiras entrevistas, nas quais ressaltava a influência da cultura ibérica, moura e provençal, que definiam seu estilo, mas não o encapsulavam em nenhuma fórmula – assim ele enxergava, denotando alívio. Assumia inflexões dos cantos gregorianos que aprendera no colégio de frades e das tendências poéticas épicas e picarescas da tradição. Recusava-se a cantar músicas que não as suas próprias. E já começava a diagnosticar os conflitos geracionais. Ele, que dizia se considerar mais andarilho que viajante, andava já pelo Brasil todo, mas seria em São Paulo que criaria raízes e estabeleceria seus diálogos artísticos mais fundamentais.

Movimentava-se como um cigano pela cidade. Ao estabelecer-se de vez em São Paulo, em 1972, Belchior acertou de dividir um apartamento de um quarto com o técnico em eletrônica Aluizio Júnior, o Juninho, que viera para a capital paulista para ajudar Pena Schmidt a programar o primeiro sintetizador de música, o ARP-2500, no estúdio Prova. Juninho arrumou um apartamento na rua da Consolação, e ambos acabaram rachando um espaço sem móveis, com dois colchões no chão. "Belchior tinha hábitos muito peculiares. Ele fez uma mesa com uma porta sobre dois caixotes de Brahma e datilografava muito. Ele costumava datilografar toda sua correspondência em três vias, era muito metódico", conta Juninho.

Dormiam no único quarto e, quando surgia uma namorada, um deles tinha de ficar fazendo hora pela região. "Não que isso acontecesse com frequência", brinca Juninho. Foi até um tempo razoável que ficaram juntos, mas os próprios amigos da época se lembram vagamente. "Rapaz, isso tudo foi muito volátil, passou rápido no turbilhão. Aluizio Jr. ficou pouco tempo em São Paulo. Lembro do bigode do Bel, lembro de conversas filosóficas infinitas, mas não lembro de detalhes dessa época de colegas de apartamento", conta o produtor Pena Schmidt.

Nesse período, houve uma misteriosa participação de Belchior num certo Grupo X, que se inscreveu para o festival Venha a Nós o Vosso Campo. Esse fato é descrito pela revista *Veja*, que narrou assim a inusitada parceria e performance, da qual nem os amigos mais chegados se lembram: "O Grupo X, liderado pelo compositor e cantor Belchior, quase sempre se perde: na tentativa de recriar o sucesso 'Quero que vá tudo para o inferno', ou fundir rock com o sotaque sertanejo, em 'Desculpe-me o inglês'. Nesses momentos, nem mesmo a ambientação radical do espetáculo – um estábulo coberto de ramagens, ferramentas agrícolas espalhadas no chão de terra batida – consegue levar a pequena plateia às ideias imaginadas pelos músicos".

Belchior começou a namorar uma estudante do Colégio Mackenzie de quinze anos, recém-chegada de Salvador, Heidi Tabacoff, hoje psicanalista. Quem os apresentou foi a mecenas e socialite Antonieta Bérgamo, que tinha Belchior como um protegido. "Foi um namorico breve. Ele era um homem atraente, e eu sempre fui precoce. Era uma sedução totalmente intelectual, estética, musical. Ele era muito poético, tinha uma crítica à questão de classe. Fiquei apaixonadinha." Heidi ri gostosamente quando lembra. "O nosso amor foi mais profundo que um encontro sensual. Foi marcante."

Nessa época, Belchior ainda mantinha os hábitos rígidos de alimentação e rotina de trabalho que trouxera dos capuchinhos. Cozinhava sua própria comida no fogareiro de uma boca. "A gente era muito doido. O apartamento era malcuidado, juntava sujeira. Não tínhamos nada, e era assim que vivíamos, apertados", contou o *roommate* do cantor, Juninho. Ao se mudar para o Rio de Janeiro, Juninho deixou o apartamento para Belchior, que não teve recursos para arcar sozinho com as contas. Algumas letras abordam essa temporada de apertos, poucas delas com resultado tão bonito quanto "Ter ou não ter":

Quando eu vim para a cidade, eu ganhava a minha vida,
ave-pássaro cantando na noite do cabaré.
E era mais pobre do que eu a mulher com quem dividia
dia e noite, sol e cama, cobertor, quarto e café.

O Nordeste é muito longe. Eh! saudade.
A cidade é sempre violenta.
Pra quem não tem pra onde ir, a noite nunca tem fim.
O meu canto tinha um dono e esse dono do meu canto pra me
explorar, me queria sempre bêbado de gim.

O patrão do meu trabalho era um tipo de mãos
apressadas em roubar, derramar sangue de quem é fraco, inocente.
Tirava o pão das mulheres – suor de abraços noturnos,
confiante que o dinheiro vence infalivelmente.

Do apartamentinho na Consolação, Belchior costumava ir caminhando até o estúdio onde estava gravando seu álbum de estreia com Marcus Vinicius. Nessas caminhadas, ele gestaria a canção "Passeio", uma delicada homenagem ao concreto de São Paulo:

Vamos andar pelas ruas de São Paulo
Por entre os carros de São Paulo, meu amor
Vamos andar
Vamos sair pela rua da Consolação
Dormir no parque em plena quarta-feira e sonhar
Com o domingo em nosso coração
Meu amor
A eletricidade dessa cidade me dá vontade de gritar
Que apaixonado eu sou
Nesse cimento, o meu pensamento só tem o momento
De fugir
No disco voador
Meu amor

"Passeio", de 1974, acabaria influenciando o maior hino da metrópole, "Sampa", de 1978, de Caetano Veloso. A canção de Belchior é mais desencarnada, mas ela se ergue sobre a mesma premissa de Caetano: a de que há uma beleza subjacente à feiura de São Paulo que só pode ser enxergada em sua plenitude quando os preconceitos desabam. São duas músicas de anti-
-imigrantes, a negação do lugar-comum, mas a criação de Caetano Veloso encontra sua argumentação na riqueza cultural,

humana, e a de Belchior é fundada na articulação da sensibilidade, do sentimento.

Belchior tinha clareza de que estava compondo um hino de elogio à Pauliceia, e anos mais tarde ele até faria uma comparação entre essas leituras. "Naturalmente, gostaria de ter feito algumas músicas, não somente aquelas líricas como, quem sabe, aquelas que falam de São Paulo conflitante, moderna, contemporânea e a melhor cidade da América do Sul. [Como exemplo cito] "Sampa" do Caetano Veloso. Mas eu também gostaria de assinar uma música de Adoniran Barbosa: "Saudosa maloca". [E também] incluiria "Construção", do Chico [Buarque]", afirmou o cantor.

Sem dinheiro e sem fonte de renda após o fracasso de seu projeto inicial, em 1975 Belchior mudou-se para uma espécie de república de cearenses em imóvel do cineasta Mario Kuperman, um filho de imigrantes poloneses judeus que cedeu aos rapazes uma casa em obras ao lado da sua, no número 1500 da rua Oscar Freire.

"Ao lado, tinha outro prédio sendo construído, a poeira era imensa, o barulho maior ainda, mas à noite, quando o frenesi da construção acalmava, muitos estudantes nos visitavam junto com os operários das construções vizinhas, em sua grande maioria nordestinos, e outros artistas da cena musical brasileira que se encontravam em São Paulo", contou o cantor Ednardo sobre o local onde também se hospedou.

"Era um rapaz cujo rosto parecia feito na talhadeira. Sabe o Jack Palance? Cara angulosa, que dizia muito do caráter dele, reto, correto", lembra Mario Kuperman. "Os outros tinham rostos mais redondos. Belchior era anguloso e também mais cáustico, mais ouriçado. Era um caráter muito sólido, respeitava a alteridade, as diferenças."

Foi uma relação curta, mas densa, conta o cineasta. Fizeram juntos música para dois filmes de Kuperman, um deles,

Cubatão, documentário que aborda a história da cidade no litoral paulista desde seu surgimento, como parador no sopé da serra, no século XVI, até a implantação da usina da Light, da refinaria, da Cosipa e de todo o complexo industrial apocalíptico que veio depois. Othon Bastos é o narrador. A letra da música é assinada por Kuperman e Belchior: "É pó, é pó, é poeira, é pó, é pó, é poeira, é poluição, é o pogresso [sic] da Nação". Belchior fez a música, mas ficou meio encafifado. Chamou Kuperman para conversar, não gostou do excesso de "pó" na letra, pareceria apologia às drogas. O cineasta teve trabalho para convencê-lo do contrário. "Tinha uma moral rígida, jesuítica, apesar da radicalidade", analisa Kuperman.

Uma noite na casa da Oscar Freire ocorreu um episódio que ainda dança na memória de todos os que o testemunharam. Estavam lá Ednardo, Rodger, Téti, Jorge Mello, Pekin, Fagner, Francisco Sales Pinheiro e outros trinta artistas e agregados. Havia uma estante de livros na sala e nela um velho relógio despertador de cor verde, que jamais funcionou, mas permanecia alí com sua hora congelada como o relógio da igreja de Hill Valley, do filme *De volta para o futuro*. No auge da cantoria, o relógio inútil saltou de cima da estante sem que houvesse vivalma perto dele. Caiu entre os músicos e começou a badalar, alopradamente. Todos olharam uns para os outros, como se cúmplices de um grande alô do além. Dali por diante, começaram a difundir a ideia de que a casa era mal-assombrada. Um dos amigos que a frequentava, o arquiteto José Pepe Capelo Filho, jurava ver vultos andando pela casa à noite, tinha pesadelos horríveis e assegurava que via cabeças passando pela janela à noite.

Aquele amistoso pessoal do Ceará

A vitória de Belchior no IV Festival Universitário, no Rio de Janeiro, em 1971, teve no Ceará o efeito de cem sinalizadores marítimos disparados numa noite escura em alto-mar. Os músicos daquele estado, que repartiam uma cena constrita, sentiram-se estimulados a mostrar sua produção, buscar os mercados abertos do Sudeste, fazer o mundo. "Todos aqui ficamos muito ouriçados", disse o compositor e baixista Rodger Rogério, artista mortalmente tímido, de perfil parecido com o do ator Mauricio do Valle, o Antônio das Mortes de *Deus e o diabo na Terra do Sol*: sorriso em boca enorme, cabelos longos emoldurando o rosto, admirador da emergente bossa nova.

Seguiram as pegadas de Fagner, Belchior, Ednardo, Jorge Mello e Wilson Cirino, que tinham descido antes, sendo que os dois primeiros já contavam com discos em processo de produção por grandes gravadoras. Porém, precisavam engajar os colegas em sua cruzada, para criar uma força coletiva. Não havia a ideia de movimento, mas o senso de oportunidade passou encilhado e o pessoal do Ceará não hesitou em montá-lo.

Aconteceu o seguinte: como formassem uma "força-tarefa" muito expressiva, com talentos de diversos quilates e tamanhos, os cearenses chamaram a atenção tanto no Rio de Janeiro quanto em São Paulo. No Rio, o maestro Isaac Karabtchevsky, em seu programa na TV Tupi, *A Grande Noite*, convidou Belchior, Jorge Mello, Fagner e Cirino para uma participação e os chamou de "pessoal do Ceará". Era um programa de tevê muito assistido na época e o apelido correu o meio artístico. "Eu tinha a convicção de que aquele grupo envolvia pintores, atores, arquitetos, todos que tinham vindo para o sul conosco", conta Jorge Mello, que queria que o grupo cearense tivesse de fato o escopo de movimento artístico. Mas o pessoal do Ceará que "patenteou" o rótulo acabou sendo o que apareceu um pouco mais tarde, encabeçado por Ednardo, Rodger Rogério e Téti, em 1973.

Foi em São Paulo que um jornalista chamado Julio Lerner começou a chamar o grupo de Rodger, Téti e Ednardo de pessoal do Ceará. Parece que foi uma "muleta" do repórter quando tentou lembrar o nome de todos e esqueceu. Aí, generalizou para pessoal do Ceará. Os nomes abrigados sob esse guarda-chuva incluíam ainda, naquela ocasião, Ricardo Bezerra, Augusto Pontes, Petrúcio Maia e Amelinha, alguns dos principais interlocutores e amigos de Belchior.

Conceitualmente, os dois grupos eram bem distintos. Os cearenses de São Paulo atiraram mais rápido e gestaram um produto, um disco que projetou uma cena musical e obrigou a MPB a abrir alas para um novo tipo de abordagem: *Meu corpo, minha embalagem, todo gasto na viagem*, LP que é chamado comumente de o *Sgt. Pepper's* cearense. Envolvido com a produção de seu disco de estreia, e também por não gostar de fazer parte de patotas, Belchior não topou participar do álbum, lançado em 1973.

Belchior chegou a falar como integrante de um movimento deliberado. "Eu não sei bem o que a gente quer, mas sei o que não quer. A nossa intenção não é folclórica. Não estamos na do protesto, como esteve o Gilberto Gil, nem na da poesia absoluta, como Caetano Veloso, mas na apresentação geográfica do nosso enfoque. Enfim, estamos em outra impostação", declarou Belchior à revista *Veja* em agosto de 1971.

Ele também tentou ajudar a deslanchar a ideia de um grupo coeso. O compositor e multi-instrumentista Hermeto Pascoal conta que, quando morava em São Paulo, no bairro da Aclimação, recebeu uma ligação de uma tal "turma do Ceará" pedindo para visitá-lo. "Era uma turma nova, ninguém tinha nome ainda. Marcaram, foram na Aclimação." Quando chegaram, o santo bateu, era tudo gente boa, um grupo festivo que tinha à frente Fagner e Belchior, que parecia que tinha ido lá mais como um abre--alas, um anfitrião. "Foram lá pra gente fazer uma onda, competir, como se fosse um tipo de competição com os baianos", lembra Hermeto.

Hermeto diz que não ficou interessado, que embora visse a "competição" como algo divertido, sadio, nunca compreendeu música como uma moda nem tampouco um movimento. Portanto, foi só uma boa conversa. Disseram a ele: "A gente vai fazer uma inserção com você, Hermeto, porque você é o cara". Ao que Hermeto respondeu: "Não, eu agradeço muito a vocês, mas é aquela história, quando você convida uma pessoa pra fazer uma coisa ela tem o direito de querer ou não, né? E tem que ser sincera também". E ficaram amigos, relembra o albino Hermeto. Pouco depois, com Fagner, produziria um dos discos mais importantes da carreira deste, *Orós*, de 1977.

A influência do disco *Meu corpo, minha embalagem...* é tremenda: lançou as bases de um novo tipo de abordagem de composição e interpretação. Canções como "Susto", de Rodger Rogério, uniam experimentalismo orquestral com psicodelia sertaneja, um espanto de ousadia. Esse mesmo pessoal do Ceará encabeçou a Massafeira, uma ocupação artística que, em março de 1979, tomou o Teatro José de Alencar, em Fortaleza.

Além de compositor e baixista, Rodger era ator. Só se tornou cantor aos quarenta anos, mais por necessidade do que por convicção. Hoje professor aposentado de física da Universidade Federal do Ceará, Rodger Franco Rogério nasceu em Fortaleza em 1944. Sua voz trazia uma mistura da vibração rascante de Fagner e da melodiosidade de Amelinha. A figura de Rodger se tornou indissociável da presença da mulher, a cantora Maria Elisete Moraes de Oliveira, a Téti, nascida no mesmo ano que ele.

Em 1964, Rodger era contrabaixista de um conjunto de Fortaleza e Téti cantava em programas de tevê da capital cearense. Conheceram-se pela via da música e se casaram em 1968. Daí em diante, passaram a compor e a se apresentar sempre juntos, com raras exceções. Por conta de sua militância no movimento estudantil, ele passou nove dias preso em 1966 sob o pretexto de ser um elemento de altíssima periculosidade, mas a acusação ele nunca soube com precisão. Pediram-lhe desculpas ao soltá-lo.

A gravadora RCA chegou a projetar um futuro discográfico para os dois como uma dupla, espelhando-se no sucesso de Marvin Gaye e Diana Ross. Mas engavetaram o plano e acabaram escolhendo um casal romântico e mais comercial, Jane e Herondy. Nascida em Quixadá, Téti completava Rodger de forma plena, como se fosse um clichê de Roberto Carlos, ou como um queijo coalho num prato de cuscuz.

Em 1970, Rodger se mandou para Brasília a fim de fazer mestrado em física na UnB, e em 1972, nomeado professor do Departamento de Física da USP, veio para São Paulo com a mulher e os dois filhos. Então traçou a estratégia de conquista do espaço artístico que já havia começado a arquitetar em Fortaleza. Tinha essa visão comunitária, coletiva.

Todos os do pessoal do Ceará, quase sem exceção, vinham de famílias prósperas. Fagner era filho do comerciante José Fares Lopes, que imigrou do Líbano e se instalou em Orós com comércio de vestidos, logo entrando também no ramo do gado. Os pais de Ednardo eram professores e foram os fundadores de uma escola importante.

Quase todos, como assinalou Pedro Rogério, filho de Rodger e autor de um estudo fundamental sobre esse grupo, eram oriundos da classe média de seu estado. Não eram homens do povo no sentido estrito da expressão. Rodger e Ednardo se tornaram, respectivamente, físico e engenheiro químico. Em comum, havia que Rodger definia como o peso predominante de Luiz Gonzaga. "Enquanto para Fagner e Ednardo, Roberto Carlos era peso grande, para mim e Petrúcio era a bossa nova. Ao lado dessas duas coisas aí tinha o passado, a música brasileira de modo geral e a música mais nordestina; muita influência de Luiz Gonzaga e Jackson do Pandeiro", afirmou Rodger.

O filósofo e guru daquela turma, Augusto Pontes, escreveu nas notas do disco: "Enfim comemos muito a cultura nacional e sempre querendo que a 'comida' fosse melhor. Continuamos nesse banquete, mas começamos a botar os pratos na mesa, para distribuir o nosso angu [...]". Ele se referia à circunstância cultural da qual eram contemporâneos, e que gestara a Tropicália (como um mix da cultura baiana, paulista e carioca), Novos Baianos e Clube da Esquina. E adiantava uma ambição de expansão intelectual de seus protagonistas.

O coração do pessoal do Ceará batia ponto em torno do casal Rodger Rogério e Téti. Foram eles que abrigaram os cearenses migrantes em sua casa, que ficava na frente daquela que o cineasta Mario Kuperman cedeu a Belchior nos Jardins, em São Paulo. Durante a primeira revoada paulistana, foi a dupla Rodger e Téti que amamentou o primeiro trabalho coletivo dos cearenses.

Haveria ainda dois projetos coletivos importantes para essa geração: o disco *Soro*, produzido por Raimundo Fagner, e que reuniu artistas como Wilson Cirino, Nonato Luiz, o poeta Ferreira Gullar, Abel Silva, Belchior, Geraldo Azevedo e Fausto Nilo. Gravado nos estúdios da CBS, no Rio, *Soro*, lançado em 1977, dispõe um *patchwork* de referências artísticas em cena não só musicalmente, mas em forma de poesia, fotografia, desenho e pintura.

O disco que abrangeu a produção da comunidade reunida em torno do evento Massafeira foi o outro projeto importante, que congregou novos artistas ávidos por fazer circular suas músicas, como Ângela Linhares, Régis Soares, Rogério Soares, Stone, Vicente Lopes, Lúcio Ricardo, Mona Gadelha, Francisco Casaverde, Gracco, Caio Silvio, Stélio Valle, Chico Pio, Wagner Costa, Alano de Freitas, Pachelli Jamacarú, entre outros.

O pessoal do Ceará do Rio de Janeiro ficou um pouco melindrado com aquela iniciativa de Rodger e Ednardo. Considerava que os cearenses radicados no Rio tinham criado a mística em torno do nome e ainda por cima tinham chegado a ele dois anos antes. "A gente queria mostrar que era um conjunto, e eles aceitaram ser uma tropa", desabafa Jorge Mello. Ele conta que, muitos anos depois, quando ele e Belchior criaram a Paraíso Discos, lançaram um primeiro álbum com o título *Pessoal do Ceará*. Ednardo ligou para questionar o nome do disco. "Lançou um disco com esse nome sem falar comigo?" Jorge retrucou que o nome tinha sido atribuído primeiro ao grupo do Rio, e que não faria sentido pedir autorização.

Em 2002, saiu outro disco apaziguador, lançado pela Continental, reunindo pela primeira vez Fagner, Ednardo e Amelinha, produzido por Robertinho do Recife, e que trazia o subtítulo *Pessoal do Ceará*. Continha canções como "Terral", "Pavão misterioso" e "Mote, tom e radar", todas de Ednardo. Quando foi lançado, críticos mais maldosos o chamaram de "lado B" de *O grande encontro*, sucesso discográfico imenso de Zé Ramalho, Alceu Valença e Elba Ramalho.

O compositor Graccho Sílvio Braz Peixoto, versátil parceiro de Belchior e autor de um dos maiores sucessos de Fagner, "Noturno", lembra daquelas desinteligências dos dois grupos, mas prefere não afirmar peremptoriamente que não se davam bem. "Olha, meu amigo, eu prefiro trocar o não se dar bem pela luta pessoal de cada um. Fagner, Ednardo e Belchior vieram e ficaram. Isso não é simples, você sabe. O nó é conseguir viver de música", analisou.

O fato é um só: ao contrário dos baianos e pernambucanos, que são muito gregários, com o pessoal do Ceará é muito mais uma estratégia do "cada um por si", considera Graccho. Enquanto viviam todos em São Paulo, eram próximos. Mas sempre mantinham um olho fritando o peixe e outro olhando o gato: a carreira era o centro de tudo.

"*Minha mala minha embalagem* foi um equívoco histórico", diz Jorge Mello, ironizando o título do disco dos conterrâneos. "Tomamos o maior susto ao saber daquilo. Foi uma merda. O que nós vendíamos como pessoal do Ceará era uma mística, um movimento cultural que tinha, além da música, os atores, que chegaram aqui junto com a gente, e os pintores e os poetas. Nunca algo que pudesse ser resumido em um conjunto musical. Vários atores vieram com a gente e eram sucesso no teatro, assim como os poetas. A ideia de conjunto matava essa ideia maior, infinitamente maior, de movimento. Nenhum de nós topou fazer parte do disco que eles gravaram em São Paulo."

Muitos críticos consideram que algumas composições dessa época, como "Ingazeiras", de Ednardo, e "Chão sagrado", de Rodger e Belchior, abriram caminho para uma nova apreciação da arte popular nordestina no Sudeste brasileiro, para além dos estereótipos.

Para Jorge, o disco coletivo surgiu para aproveitar a onda dos grupos coletivos da mesma época, como o Clube da Esquina, em Minas, e os Novos Baianos, no Rio de Janeiro. E isso não era visto com tanto entusiasmo pelos outros cearenses.

"O Jorge Mello não participou porque estava no Rio cuidando de um disco que ele provavelmente iria lançar. O Fagner também não queria se afastar do Rio de Janeiro. Então, fizemos só nós", explicou Rodger a seu filho Pedro.

Junto com Walter Picapau, Ednardo, Téti e Rodger escolheram o repertório do disco, definiram o arranjo das dez faixas, número padrão para a época, e se alternaram nos vocais. As gravações, realizadas num estúdio de quatro canais, foram entre outubro e novembro de 1972. "Os arranjos desse disco são bem do meu gosto. Ele usa muito os músicos, usa muita corda, usa muito metal", conta Rodger. "Se você escuta o disco hoje, você não acredita. Parece um disco gravado em 32 canais", lembra Téti.

O objetivo da gravadora Continental era lançar o álbum depois do Carnaval de 1973. Os três queriam lançar em janeiro. Era a primeira grande investida nacional dos cearenses, foi um acontecimento. Em poucos meses, o disco tinha vendido 40 mil cópias. "Já tínhamos uma música com a nossa cara e identidade", afirmou Rodger. O disco seria relançado mais duas vezes em LP com capas diferentes da original. O nome do disco também chegou a ser modificado para *Ednardo e o Pessoal do Ceará*, em razão do protagonismo que Ednardo adquiriu na cena da MPB.

A cara e a identidade daqueles cearenses foram se sofisticando com o passar dos anos. Suas composições e suas contribuições estão presentes em uma variedade de músicos e de gêneros que sobrevieram, mas é curioso notar que poucos conseguiram ser reconhecidos pelo establishment que cortejaram, o do Sudeste do país. Entre eles mesmos, os rachas foram mais longevos do que pareciam. Os enfrentamentos de Raimundo Fagner com Belchior no decorrer da carreira são como um rastilho de pólvora que termina num barril de TNT.

O núcleo principal do chamado pessoal do Ceará não era exatamente um eco da comunidade paz & amor de grupos como os Novos Baianos. Havia grandes atritos. Ednardo contou que, no ano de 1979, a trupe dos cearenses estava realizando o projeto coletivo Massafeira Livre, nos estúdios da CBS, no Rio de Janeiro. Eram mais de duzentos artistas, entre músicos, intérpretes, arranjadores, artistas plásticos e também compositores e produtores. O projeto tinha sido aprovado pelo diretor artístico da CBS, Jairo Pires. Foram todos ao Rio de Janeiro, e em dois meses tinham concluído gravação e acabamento do disco. Aí veio o que Ednardo chamou de "engavetamento". Passou um ano e meio e todos os participantes queriam saber do destino do disco duplo, autorizado pela direção artística.

"Telefonamos pra CBS e chegou a informação desconcertante: 'O diretor agora é Raimundo Fagner e ele não vai liberar a fabricação do disco duplo *Massafeira Livre*'." Ninguém explicava a razão, só obtinham respostas evasivas. Ednardo lembra que juntou suas economias e foi lá cobrar uma posição. Chama Fagner de "preposto alçado ao cargo" de diretor. Obteve só uma declaração: "Foi tudo para o ralo, para o esgoto, não vai sair mesmo".

Indignado, Ednardo considerou o episódio uma traição que, além dele, atingia mais de duzentos artistas. Nunca conseguiu perdoar Fagner por isso. "Foram conversas cruéis em que tivemos que escutar pérolas do Fagner, tais como: nenhum desses artistas tem importância, e a fabricação dos discos vai dar prejuízo à gravadora; se você quiser financiar, que o faça." Como Ednardo ainda tinha um disco a ser realizado, *Imã*, que dispunha de verba para divulgação, pediu que prensassem com o seu crédito 10 mil cópias do álbum do coletivo cearense.

Sua ira ainda não cedeu. "Por força da 'natureza musical'", ironiza, "todos os sucessos posteriores do dublê de cantor e diretor foram provenientes dos artistas da Massafeira, que ele próprio apequenou. Quem tenta ocultar o sol com uma peneira não tem óculos escuros que proteja", escreveu Ednardo no Facebook.

Mais adiante, provocado por leitores de sua página, Ednardo foi ainda mais cáustico, revelando um episódio bizarro que opôs Fagner e Belchior. Foi em 1975, durante um aniversário de Amelinha, em sua casa em São Paulo. Ela convidou todos e providenciou um violão para que, de mão em mão, cada um desse seu recado. Ednardo conta que sua mulher, Rosane, grávida de sete meses, estava mais sensível que o normal. "Ednardo, o Fagner está meio esquisito, cada vez que o Belchior fala ou canta, ele faz comentários desagradáveis", ela lhe disse.

De repente, Fagner se levantou e interrompeu bruscamente Belchior, que estava cantando. "Devolve meu casaco, seu ladrão", disse, e tentou tirar à força o casaco que Bel vestia. "Era um desses casacos baratos que se compra em qualquer loja de esquina, todos iguais, fabricados aos milhares", descreveu Ednardo. "Calma aí, rapaz, eu comprei este casaco", disse Belchior. Fagner não sossegou e terminaram se atracando. Amelinha tentou apartar e levou uns safanões. O violão foi destruído.

Fagner soube que Ednardo tinha contado essas histórias, mas disse que não iria rebatê-las. "Ficaria palavra contra palavra", considerou.

Segundo Jorge Mello, desde o momento em que o destino colocou Belchior frente a seu antípoda artístico, Fagner, o resultado já começou a se mostrar desastroso: ele lembra que chegaram às vias de fato várias vezes, uma delas quase fatal. Enfrentaram-se num duelo com faca na quitinete da esquina da Barata Ribeiro com a Santa Clara, em cima do cine Lido, em Copacabana. Só não se mataram porque Jorge Mello jogou uma cadeira nos dois e os separou antes de se furarem. Os motivos eram prosaicos: quando não brigavam por um pastel velho na geladeira, brigavam porque um deles tinha se atrasado para um compromisso. E é um ódio que o tempo não curou, que parece que nunca vai curar, e que só se explica mesmo pela rivalidade pura e simples, a aversão sanguínea.

Em 2016, durante a gravação de um depoimento no Museu da Imagem e do Som, em São Paulo, perguntaram a Fagner qual foi a grande canção que gravou. Ele respondeu mais ou menos isso: "Rapaz, eu vou ficar com 'Mucuripe'. Embora meu parceiro nessa canção seja a pior pessoa da face da Terra. Ele desapareceu, e eu espero mesmo que nunca mais volte. Espero que já esteja morto a essa hora".

A ressonância do que os cearenses fizeram naquela época foi tremenda. Em 1975, ficou famosa a reportagem da revista *Veja* que mapeava os jovens músicos e compositores que sacudiam o país, e lá estavam eles ocupando lugar de destaque. O texto dizia o seguinte: "Eles estão chegando. Do Ceará, de Minas Gerais, do Rio de Janeiro, de São Paulo, da Bahia, do Espírito Santo. São os João Bosco, os Aldir Blanc, Luiz Melodia, Fagner, Belchior, Walter Franco, os Alceu Valença e os Raul Seixas, que não marcham mais em bandos, como antes. Estão na estrada, mas seu caminhar já não é documentado por câmeras de televisão – o horário nobre das tevês pertence irremediavelmente às telenovelas. Perambulam sós, sem qualquer apoio radiofônico. Os programas de rádio preferem o que vem de fora. Os críticos e o público exigem deles uma perfeição impossível para as condições em que vivem. E os novos acham um absurdo serem assim chamados, andarilhos de longa data. Como se a poeira comida na trajetória os envelhecesse. Como se as emboscadas para eles preparadas nas curvas do caminho os tivessem derrubado. Como se fosse possível apagar a música que criam".

Mais *low profile*, mas com o nome amplamente reconhecido, Belchior passou a se relacionar criativamente com nomes de destaque da MPB, como Gil, Dominguinhos e Toquinho, mas também com gerações posteriores e iniciantes talentosos, como é o caso de Graccho (que, por sugestão de Belchior, assinou as parcerias de ambos com o nome Gracco).

Graccho lembra que o ano de 1975 foi um período de intensa atividade cultural em Fortaleza, com o ativismo contra o governo militar, a efervescência musical e teatral. Na época, ele e sua turma tinham entre dezoito e dezenove anos. Graccho, Caio Silvio Braz, seu irmão e parceiro, Francisco Casaverde, Vicente Lopes e um grupo de amigos músicos montaram um show com o nome de *Rodagem*.

Aquela geração sentira esparsamente o "perfume" da Geração 68 e pulara direto da Tropicália para o rock inglês, pós-Beatles, uma sonoridade mais pesada, mais blues rock, e cujas ramificações fizeram história. "A música do Gil, Caetano, Chico não nos tocava na veia. O rock inglês era muito mais contagiante por ser viril, com discurso mais direto, trazendo os ventos de Londres, a versão europeia do Flower Power."

Quando ouviram o disco de estreia de Belchior, *Mote e glosa*, os jovens compositores do Nordeste começaram a acreditar em uma força identitária. "Aquele disco nos sugou. No meu caso, me mostrou a importância que a dimensão literária pode desempenhar numa canção, esse artefato que pode ser tão engenhoso", diz Graccho.

Como Vicente Lopes era de Sobral, cidade-base de Belchior e de outras figuras, os rapazes pensaram em encontrar Belchior numa de suas idas a Fortaleza. O encontro teve a ajuda de um amigo comum a Vicente e Belchior, Petrúcio Maia, compositor de grandes canções gravadas por Ednardo, Fagner, Rodger, Fausto Nilo e Téti. Belchior, que os conhecia das aulas de biologia do Colégio Santo Inácio, se antecipou aos garotos.

Em 1976, quando saiu *Alucinação*, Graccho e Caio foram a São Paulo para ver o show *Falso brilhante*, de Elis Regina, e encontraram-se novamente com Belchior. Depois assistiram a um show dele, só voz e violão, em Interlagos. Notaram um ambiente de muita efervescência musical, muita atividade, começaram a namorar a cidade grande. Em 1977, Graccho fugiu do conservatório e desembarcou em São Paulo deixando um curso universitário "nada a ver". Por intermédio de Pekin, cantor cearense amigo e parceiro do Belchior, Graccho voltou a desfrutar da companhia do cantor. Essa aproximação coincidiu com a explosão nacional de "Noturno" ("Coração alado"), música de Graccho que virou sucesso nacional após gravação de Fagner. Mas as parcerias com os novos bárbaros cearenses só viriam dez anos depois, quando Belchior pediu a Jorge Mello que convidasse Graccho ao seu ateliê. Queria trabalhar com o novato em algumas canções. Belchior procurava sangue novo, pois havia assinado com a Phonogram para mais um LP. Assim, também a lírica de Francisco Casaverde entrou em seu radar.

"A primeira música que fizemos foi 'Extra cool', um reggae que eu compus com uma estrutura de canção que ele gostou muito e escreveu a letra. As primeiras parcerias vieram no LP *Melodrama*, e seguiram-se outras em *Elogio da loucura* e *Baihuno*. Nesse intervalo, fizemos algumas coletâneas. Além da pintura, de fato uma fonte de prazer para as conversas, descobrimos um interesse mútuo pelo zen, também objeto de seu interesse e prática", contou Graccho.

As catorze canções que Graccho e Belchior compuseram juntos muitas vezes começavam com uma conversa, quando o assunto resvalava num verso e Graccho pegava o instrumento para não perder a ocasião.

"O Belchior é um sujeito gozador. Depois que o conhecemos, essa característica salta em relação às outras. Tem muito clara a posição pública, suas regras, e o espaço privado. Recordo dele com enorme carinho, era uma pessoa generosa."

Belchior, naquele final de anos 1970, estava já muito empenhado em sua produção de pintor, e não era exatamente modesto a respeito dessas pretensões. "Gracão, eu não tinha muito como desenhar antes, mas sei que agora, se eu praticar isso todo dia, daqui a dez anos estarei arrasando."

Enquanto isso, o resto do pessoal do Ceará também se dispunha a confrontos intelectuais, o mais famoso deles encabeçado por Fagner, que chegou a trocar desaforos com Caetano Veloso. Entre as idas e vindas do relacionamento conturbado com Belchior, Fagner também era seu parceiro mais profícuo, dividindo inclusive a interpretação de uma canção com o colega em disco. Os dois gravaram a canção "Aguapé", composição de Belchior, no disco *Objeto direto*, de 1980, com participação de Fausto Nilo na interpretação.

É famoso entre os fãs o vídeo que mostra Belchior e Fagner cantando "Na hora do almoço" juntos em 1972, durante o V Festival

Universitário da Música Brasileira. Tal qual um Robert Plant do agreste, Belchior, ainda sem bigode, sacode a cabeleira e dança uma dança desconjuntada diante do público, enquanto Fagner, sentado em um banquinho, praticamente recita Tom Jobim: "É pau, é pedra, é o fim do caminho".

Apesar desses espasmos, os artistas das patotas cearenses nunca formariam as mais férteis parcerias da música popular brasileira. Belchior e Fagner, os mais destacados do grupo, mantiveram-se num jogo de proximidade e distanciamento durante meio século, e isso desde o momento em que se conheceram. Fagner frequentava a casa dos pais de Belchior, era querido pela família, participava de almoços e jantares. Quando Belchior ganhou o Festival Universitário com "Na hora do almoço", eles saíram junto com mais uma turma de "expatriados" para comemorar pelos bares do Rio de Janeiro e, bêbados, acabaram perdendo o troféu Bandolim de Ouro na mesa de um desses bares.

Com a mesma naturalidade da euforia, Belchior e Fagner eram também frequentemente vistos em pelejas assustadoras. Em 1973, compuseram "Moto 1", uma das canções de destaque de *Manera frufru manera*, tido como uma obra-prima de Fagner. Mais tarde, a parceria voltou a funcionar em um dos discos-chave da carreira de Fagner, *Orós*, de 1977, seu quarto álbum, com a canção "Romanza". Os versos de sangue dessa música podem parecer premonitórios aos místicos: "Hoje eu vi toque a defunto/Das dores doida de estrada/Eu d'olhos solto nos ares/Conheço a morte e a paixão".

Em 1986, quando já tinham brigado muito, os dois foram a Fortaleza festejar um dos maiores ícones da cultura popular do Ceará, o poeta e repentista Patativa do Assaré. Como legítimas tietes de Patativa, eles foram premiá-lo com um cheque do Banco do Estado do Ceará e Fagner lhe repassou os direitos de produção do seu terceiro disco. Estavam em uma noite de companheirismo e dividiam o ídolo como irmãos.

Amar e mudar as coisas
me interessa mais

Durante muitos anos, ríamos (e ainda rimos) de como era cantado o verso inicial de "Alucinação": "Eu não estou interessado em nenhuma TIURIA". O sotaque carregado de Belchior, sua entonação particular para dizer a palavra "teoria": nada parecia carregar marca registrada mais pessoal e enfática do que essa primeira frase de apresentação. Em épocas de disciplinas obrigatórias como OSPB e moral e cívica nas escolas, "Apenas um rapaz latino-americano" era um hino lúmpen que parecia ter o dom, ou o sentimento, de dispensar a juventude da época da posição de sentido ou reverência. Libertava automaticamente de todo formalismo, de todo condicionamento.

O encarte original do LP *Alucinação* tem uma frase no fim das dez letras: "Todas as músicas são de autoria de Belchior". Fosse um pouco mais adiante no tempo, nessa era de advogados e copyright diligente, talvez uma ou outra canção fosse obrigada a deixar claras as citações que carrega: ele alude a Edgar Allan Poe, Dylan, Luiz Gonzaga, Beatles, Caetano Veloso, entre outros. O encarte é duplo e, quando aberto, revela um pastiche de uma cédula de dez dólares, com o rosto de Belchior ao centro. Acima da fotografia, está escrito: LÍRICAS. Abaixo dela, a inscrição: "In Gold We Trust", trocadilho com "In God We Trust", das cédulas norte-americanas.

Não é possível traçar paralelos, mas é curioso notar que o dólar transfigurado de Belchior, de 1976, está antenado com a série *Zero Cruzeiro* e *Zero Dollar* de 1977, do artista Cildo

Meireles, que substituiu as efígies de heróis nacionais por índios e internos de instituições psiquiátricas. Hoje, esse recurso é meio batido, mas na época causou grande admiração.

A primeira canção de *Alucinação* era "Apenas um rapaz latino-americano", nascida curiosamente durante uma aula na Universidade de Brasília em 1974 ou 1975. Foi durante uma *masterclass* do filósofo cearense Augusto Pontes que a canção surgiu. Nessa aula, em que Belchior estava presente, Augusto introduziu a si mesmo da seguinte maneira: "Eu sou apenas um rapaz latino-americano sem parentes militares". Em plena ditadura, a audácia de Augusto, comunista de carteirinha, provocou risadas desabridas. Fagner, também no recinto, gargalhou tão alto que a sala toda se virou para ele. Belchior, o mais calado de todos, também adorou a boutade de Augusto, mas foi além: esperou algum tempo e construiu uma canção inteira em torno do mote.

Eu sou apenas um rapaz
Latino-americano
Sem dinheiro no banco
Sem parentes importantes
E vindo do interior

Augusto Pontes era uma figuraça: de temperamento dramático, às vezes explodia e quebrava pratos na própria cabeça, nos bares e restaurantes para espanto dos amigos. Uma vez, ainda nos anos 1950, produziu um disco que reunia Aderbal Freire Filho, Moreira Campos e outros intelectuais. Mas desentendeu-se com eles e, pouco antes do lançamento, pediu que tirassem seu nome de todos os encartes. Ocorre que o nome dele já estava prensado no vinil. Trocaram os encartes, mudaram os créditos, mas, como está registrado na bolacha, até hoje todos sabem que ele foi o produtor. Em geral, Pontes era o personagem satélite mais agregador do pessoal do Ceará.

Até morrer, em 2009, Augusto detestava que dissessem que Belchior tinha se apropriado de sua boutade no hino "Apenas um rapaz latino-americano". Para ele, era uma homenagem que adorava. Mas uma vez ele não aguentou: ironizou Belchior, não por reivindicação de autoria, mas por ter substituído "parentes militares" por "parentes importantes". Pontes zombou: "Belchior não teve coragem de botar?". Não eram tão próximos, Augusto e Belchior, mas se davam bem – ao contrário do relacionamento entre os artistas da turma do Ceará, sempre muito cheio de atritos. Mais tarde, a família encontrou um manuscrito de Augusto no qual os versos iniciais são os seguintes: "Sou apenas um sul-americano sem parentes no poder, apenas a pessoa eu, no estado de mim mesmo".

A foto do êxtase glauberiano da capa de *Alucinação*, o artista num flash ensanguentado, olhos fechados, foi um insight do fotógrafo Januário Garcia. Convidado pela Phonogram para acompanhar a gravação do disco para "sentir o clima", Januário conta que "pirou" quando começou a ouvir as canções. Via nas músicas uma colagem de imagens e tentou acompanhar essa intuição. De toda a sessão de fotos com Belchior, ele considerou aquela a imagem mais delirante, e não teve dúvidas. O diretor de arte, Aldo Luiz, assim como Belchior, também não hesitou em escolher a foto de Januário. Nilo de Paula, que fez o layout e a arte-final, montou a foto com o título em vermelho, sangrando. Na contracapa, Januário fotografou um desenho de Belchior em papel e hidrocor que tinha visto numa mesa do estúdio (linhas e círculos que sugerem uma placa transistorizada). Conversando com Belchior, descobriram, fotógrafo e cantor, que eram do mesmo signo, escorpião, e assim surgiu o símbolo que fica no alto, à esquerda, aplicado sobre o título.

A capa anunciava um som que se confirmava como de alto refinamento. O solo de guitarra em "Apenas um rapaz latino--americano", o nervosismo roqueiro da canção, sua fusão com o ideário "maluco beleza" da época, o elogio do desenraizamento: tudo a tornava irresistível para os utópicos daquela geração. Havia sarcasmo no verso "um antigo compositor baiano me dizia", além do diálogo intertextual com Caetano Veloso e a citação da canção "Divino maravilhoso", gravada originalmente por Gal Costa em 1969. "Antigo", da forma como Belchior colocava, era algo a ser superado, não sugeria apenas uma conversa amistosa entre dois astros. Havia enfrentamento, e esse choque se mostraria mais adiante em outros momentos. "Mas SEI que tudo é permitido", em oposição a "É proibido proibir" – esse duelo aparece em outros momentos do álbum.

Pode parecer que a embolada artística que Belchior propunha a Caetano Veloso era uma novidade, mas ela já tinha começado lá em 1973, quando o cearense compôs "Sorry, baby" (apresentada, com o misterioso Grupo X, em 1972, como "Desculpe o inglês"). Saiu num compacto da Chantecler, com "A palo seco" do outro lado – provavelmente comporia um disco, mas acabou não sendo gravado. "Sorry, baby" era uma resposta a "Baby", de Caetano, de 1968. Em "Baby", Caetano dizia: "Você precisa aprender inglês". Belchior debochava: "*Sorry, sorry, sorry, sorry, baby/ Sorry, sorry, sorry, sorry, baby*/ Desculpe o inglês que eu aprendi/ Nos almanaques de música do mês". E esse inglês pastichoso que ele ironizava já vinha como uma colagem de canções dos Beatles, como a canção realçaria mais adiante: "*I don't believe in yesterday/ Because you told me/ Here comes the sun/ It's all right, baby/ Here comes the sun/It's all right, baby/ Oh, I need you/ I need you/ and you love me/ In God we trust/ In God we trust/ Oh, baby/ Sorry, baby*/ Lá no sertão pros caboco lê/Tem que aprender outro ABC".

Na letra da música-título, "Alucinação", Belchior hierarquizava os preconceitos que fulminavam o país, grifando com sua poética os verdadeiros outsiders da sociedade, os negros, os pobres, as mulheres, os gays, os trabalhadores nas fábricas, as prostitutas, os sem-teto:

Um preto, um pobre, um estudante, uma mulher sozinha.
Blue jeans e motocicletas, pessoas cinzas normais.
Garotas dentro da noite.
Os humilhados do parque com os seus jornais.
Um rapaz delicado e alegre que canta e requebra. É demais.
Dois policiais cumprindo seu duro dever e defendendo seu amor
[por nossa vida.

Sua leitura dessa legião de deserdados era única, porque ele estava entre os outsiders, ele tinha sido espezinhado e cuspido pela máquina fonográfica, pelo sistema do show business, e sempre soube de que lado deveria estar e como deveria se postar. Sob o impacto do escritor britânico Anthony Burgess e sua distopia filmada por Stanley Kubrick em 1971, ele afirmava a resistência à barbárie: "Longe o profeta do terror que a laranja mecânica anuncia".

A canção que dá nome ao disco é atemporal e vigorosa, terna e lamentosa, lamento pulverizado pela batida *rocker*, docemente incendiária. Nessa que é sua música mais conhecida, Belchior afirmava um discurso anti-Timothy Leary, psicólogo e neurocientista norte-americano que militou pelo alargamento da percepção por meio de drogas: "A minha alucinação é suportar o dia a dia e meu delírio é a experiência com coisas reais". Ainda assim, não era careta, era libertário, admitiam seus seguidores lisérgicos – e quase todo mundo naquela época o era de algum modo. Belchior não se colocava contra as drogas, mas reivindicava um status de autogestão: "E não vou eu mesmo atar minha mão", cantou em "Como o diabo gosta", do mesmo álbum.

A solidão urbana, na canção-tema de *Alucinação*, é tratada de forma crua e inédita na poesia da MPB. Belchior aborda temas como o suicídio ("Meu corpo que cai do oitavo andar"), que só tinham sido familiares à poesia de autores radicais como Roberto Piva, em *Paranoia*, clássico da poesia dos anos 1960. Piva dizia: "O poeta existe para impedir que as pessoas parem de sonhar".

Alucinação surgiu, principalmente, como o disco que apresentava as armas do autor e a estética do compositor das canções que Elis adotara dois anos antes, tornando-as parte do discurso geracional mais conhecido do Brasil: "Como nossos pais" e "Velha roupa colorida". Mas foi por pouco que essa alquimia aconteceu. Belchior e Elis, embora tivessem frequentado lugares em comum no Rio e em São Paulo, nunca haviam se encontrado. Ela já tinha gravado "Mucuripe", de Belchior e Fagner, em 1972, mas não conhecia pessoalmente o compositor. Quem lhe tinha levado a música foram produtores da Polygram.

Um dia, em 1974, Toquinho e Vinicius gravavam um disco em São Paulo, *Vinicius & Toquinho* (Philips). Por amizade com a dupla, Belchior foi convidado a assistir à gravação. Estava sentado num canto, tímido e um tanto assustadiço. Sua experiência com o primeiro disco, *Mote e glosa*, tinha sido artisticamente única, elogiada pela crítica, mas não o tirara do zero. Passava dificuldades para se manter em São Paulo e ficara um tanto ressabiado. Acontece que Elis também tinha sido convidada para assistir àquela sessão. Ela chegou, olhou para o rapaz sentado no canto e perguntou a Toquinho: "Aquele ali não é o autor de 'Mucuripe'?". Toquinho respondeu: "Sim, ele mesmo, o Belchior".

Elis foi até o jovem tímido e, como era de seu temperamento despachado, apresentou-se e o convidou imediatamente, no seu estilo "está intimado", para ir à casa dela para lhe mostrar novas músicas. "Eu, com todo o orgulho que a pobreza desesperada dá, disse a ela: 'Olha, eu não posso fazer fita, eu não posso mostrar minhas músicas para você porque eu não tenho gravadora, estou morando em uma construção civil, não tenho violão'", disse Belchior, com doce secura. "Se você não me der todas as condições para que eu possa mostrar a minha música, nada feito. Se a senhora mora longe, a senhora me dê o endereço hoje, porque eu tenho que sair agora. E se o convite for feito para uma hora especial, que seja para a hora do almoço ou do jantar", intimou o famélico Belchior.

Elis sorriu largo e providenciou tudo que o seu jovem amigo exigia ali secamente, como se lesse um bilhete de resgate. Tudo aconteceu conforme Belchior pediu: naquele momento mesmo, ainda sem conhecer nada, Elis lhe prometeu cantar duas de suas músicas no show *Falso brilhante* e em seguida gravá-las em seu disco. "Como tantos outros músicos que ela lançou, aquelas gravações foram o aval para minha música e a garantia de que ali se iniciava para mim uma brilhante carreira de novo compositor da música popular", disse Belchior, em 1992.

Em dezembro de 1975, Elis Regina estreou *Falso brilhante*, no Teatro Bandeirantes, em São Paulo. Belchior, como autor de duas canções do espetáculo, recebeu dois convites para ir à noite de gala. Na época, ele morava ali perto, na rua 13 de Maio. Pediu à mulher, Angela, que caprichasse na roupa. Ela emprestou um blazer de veludo vinho da irmã, maquiou-se. Estavam atrasados, Belchior a esperava na calçada da rua de sua casa e, quando ela apareceu, ele sorriu e disse: "Não precisava caprichar tanto também…".

A entrada do teatro estava lotada, a rua estava tomada de veículos de imprensa e fotógrafos. O teatro estava tão lotado que Belchior e Angela tiveram que se sentar no chão. Quando Elis cantou "Velha roupa colorida", a plateia ficou eletrizada. Mas aí chegou a hora de "Como nossos pais" e o público aplaudiu de pé, ao final da interpretação de Elis. Belchior não se levantou, ficou sentado no chão, como se hipnotizado. Angela, que se levantara, chorava copiosamente. Para o casal, que ainda firmava uma rotina na metrópole, com dúvidas quanto ao futuro, aquela noite foi grandiosa e promissora.

Algumas noites depois, Belchior convidou Angela novamente para ir ao teatro. Ele queria conversar com o marido de Elis, Cesar Camargo Mariano. Os jornais andavam publicando notícias sobre um possível romance entre a cantora e ele, e Belchior queria esclarecer o negócio. Depois do show, foram ao camarim e saíram todos pela rua caminhando, as duas mulheres na frente e ele e Camargo Mariano logo atrás. Depois, sentaram-se na calçada e riram de todo o imbróglio.

"Como nossos pais" é a canção mais tocada de Elis Regina até hoje, segundo levantamento do Escritório de Arrecadação e Distribuição de Direitos Autorais (Ecad), em 2016. Nela, Belchior alça sua estratégia de diálogo coloquial a um nível de despojamento que pode, à primeira vista, parecer até pueril, mas toda a música está repleta de mensagens – referências à ditadura, à circunstância social, cultural e ética daqueles anos. É uma canção-manifesto, sincera e levemente melancólica. "Não quero lhe falar, meu grande amor das coisas que aprendi nos discos./ Quero lhe contar como eu vivi e tudo o que aconteceu comigo", adverte o cantor, assumindo tudo como um papo franco com uma pessoa querida.

"Viver é melhor que sonhar/ Eu sei que o amor é uma coisa boa,/ mas também sei que qualquer canto é menor do que a vida de qualquer pessoa." Nesse ponto, Belchior tratou da responsabilidade do artista em um tempo sombrio, em que a fama e o prestígio não podem se sobrepor à luta pela integridade da existência e dos direitos básicos. "Qualquer canto é menor do que a vida de qualquer pessoa."

Seu equivalente do slogan "É proibido proibir", das barricadas de maio de 1968, apropriado por Caetano Veloso, está expresso em um verso da canção: "Por isso cuidado, meu bem há perigo na esquina/ Eles venceram, e o sinal está fechado para nós, que somos jovens". O jeito manso de aconselhar, embora tenha essa facilidade de aproximação geracional, é um tom de irmão mais velho, de pessoa experiente que parece saber como desviar das balas e dos punhais do caminho, um jeito que acompanha toda a produção dita "de protesto" de Belchior.

Finalmente, o *statement* de anti-imigrante, o grito de permanência, de luta do nordestino persistente na cidade grande, está no verso a seguir: "Eu vou ficar nesta cidade, não vou voltar pro sertão". Não é a derrota nem o preconceito nem a segregação que o fará desistir de seu sonho na cidade grande. Essa condição também é analisada por ele, agora com algum senso de humor, em outras composições do disco, como "Fotografia 3x4", na qual ele cita um dos seus ídolos, Luiz Gonzaga, e a canção "Légua tirana".

Há referência também aos desaparecidos políticos, na figura do amigo que sumiu e ninguém mais ouviu falar – coisa que era comum a todo jovem intelectual nos anos 1970. "Já faz tempo, eu vi você na rua. Cabelo ao vento, gente jovem reunida/ Na parede da memória essa lembrança é o quadro que dói mais." Belchior se expunha mais do que os colegas de geração. "Na década de 1960, a grande explosão da juventude foi no sentido da libertação de preconceitos, da multiplicação da consciência, da alteração dos padrões de comportamento, de relacionamento e de hierarquia. Então, para mim, os anos 1960 foram uma grande forma de rebeldia. Mas toda essa experiência foi solapada, aproveitada pelo sistema e transformada em mercadoria. Não acho que não valeu a pena, que não se modificaram coisas. Porém me dói muito, e me decepciona ver que nossos projetos mais caros deram nisso e agora temos que começar tudo de novo", afirmou ele à revista *Veja*, em julho de 1976.

"Minha dor é perceber que apesar de termos feito tudo o que fizemos, ainda somos os mesmos e vivemos como os nossos pais." Quando chegamos a esse trecho, que revigora a tradição de uma geração negar a anterior, mas de uma forma amena, sem raiva, sem revolta ("Minha dor é perceber"), chegamos ao cerne do manifesto. Belchior ainda se insurge, com leveza, contra o discurso sempre presente na mídia especializada, que sacraliza o passado e condena o presente. "Você diz que depois deles não apareceu mais ninguém." Belchior assim se apresenta, imodestamente, como sucessor do tropicalismo, da bossa nova, da mitologia anterior: "Mas é você que ama o passado e que não vê./ É você que ama o passado e que não vê que o novo sempre vem".

A atualidade de "Como nossos pais" está na sua análise simples da questão da assimilação da rebeldia, o incendiário de ontem sendo engolido pelo conformado de agora. "Hoje eu sei que quem me deu a ideia/ de uma nova consciência e juventude,/ está em casa guardado por Deus/ contando o vil metal."

Na voz de Elis Regina, a canção de Belchior adquire uma dramaticidade que a interpretação dele próprio não atinge. Belchior é monocromático em seu libelo. Ela assumiu realmente aqueles versos como seus, com uma carga simbólica de rara repercussão na música brasileira. "Ela me falou uma vez que era uma música difícil, complexa, com uma letra violentamente geracional, mas que ela não gostaria de ouvir essas palavras ditas por ninguém mais antes dela", disse Belchior.

"Elis faz parte da fundação da música brasileira contemporânea. Sempre teve uma intuição muito especial na escolha dos autores e das canções que ela própria faria. Elis descobriu minha música e a reinventou", afirmaria o cearense. "Como nossos pais" carregava uma pequena obsessão de Elis com a temática das aparências (contemplada pelo verso de Belchior " e as aparências, as aparências não enganam não"), referenciada pela proximidade com Lupicínio Rodrigues e a sua "As aparências enganam", de 1952, e também por "As aparências enganam", de Tunai e Sérgio Natureza, gravada depois por Elis, em 1979.

A outra pedra de toque do disco gravada por Elis, "Velha roupa colorida", também hino geracional, sustenta-se principalmente na afirmação: "E precisamos todos rejuvenescer". A visão de Belchior de uma nação envelhecida, que passara seus anos de juventude sob o fantasma da ditadura e necessita se refazer, reinventar-se, explode nessa música. A façanha mais famosa da música é relacionar de forma quase orgânica as canções "Blackbird" e "She's leaving home", dos Beatles, antenas de direitos civis, com o poema "O corvo", de Edgar Allan Poe, "Like a rolling stone", de Bob Dylan, e "Assum preto", de Luiz Gonzaga.

Após o encontro artístico com Belchior, Elis procurou o produtor Marco Mazzola para mostrar as canções que tinha escolhido. "Ela me mostrou, fiquei escutando e falei: 'Mas essas músicas são muito boas'. Aí ela falou: 'Que cê acha?', me mostrou 'Velha roupa colorida' e 'Como nossos pais', e eu falei 'O cara só tem música muito boa'", lembra Mazzola. Falando depois à revista *Veja*, Elis não economizava elogios ao novo parceiro. "Belchior não faz nada por fazer, não vive de paetês e lantejoulas, e descreve muito bem a exploração do nosso subdesenvolvimento cultural. Estou impressionadíssima e apaixonada por sua música. Estou selecionando músicas de novos compositores para meu próximo LP e confesso: é a primeira vez, em três anos, que não enfrento o problema de falta de material", disse a cantora.

O que Elis fez por Belchior, dar sua chancela, tem raros equivalentes na música brasileira. Talvez só se compare ao que Gal fez por Luiz Melodia, gravando dele, ainda desconhecido, "Pérola negra", incluída no disco *Gal a todo vapor*, de 1971.

O passo seguinte foi igualmente ousado. Belchior foi convidado para mostrar o repertório de *Alucinação* para Mazzola, que o referendaria na gravadora Polygram. Ele mostrou ao violão a música "Apenas um rapaz latino-americano", e Mazzola decidiu gravar uma fita demo. O produtor conta que, na primeira conversa que teve com os executivos, Belchior foi rejeitado. "Levei a fita para a reunião de produção, todos os produtores da companhia estavam e todo mundo vetou minha contratação, dizendo que o cara cantava anasalado, que o cara era muito feio, não sei o quê", lembra o produtor musical.

Mazzola então foi ao topo: procurou André Midani, presidente da Polygram na época. Com o apoio de Midani, Mazzola assumiu a produção do quase estreante. "Eu falei: 'André, e aquele artista? Eu tô preocupado em fazer e depois dá errado e as pessoas vão falar...'. Ele falou: 'Menino, faz... Faz, menino'." O produtor recrutou então o pianista José Roberto Bertrami, o baixista Paulo César Barros, os guitarristas Antenor Gandra e Rick Ferreira e o percussionista Ariovaldo Cortesini para participar do álbum. Mazzola ainda produziria o disco seguinte de Belchior, *Coração selvagem*.

Poucas coisas poderiam ter dado tão certo. Gravado em três dias, *Alucinação* vendeu meio milhão de cópias (era um tempo em que só Roberto Carlos beirava essa cifra). Transformou Belchior num ídolo universitário intermediário – não tão cheio de grife quanto Chico Buarque, oriundo de família "distinta" nem tão ousado do ponto de vista comportamental quanto Caetano, liderança coletiva, mas completamente acessível, e quase um paradoxo: popular e refinado, compreensível o tempo todo e subcutâneo em suas motivações filosóficas e existenciais.

Em quase todas as canções, aparece uma espécie de guia sentimental e político para uso imediato, um ideário de fácil identificação e resolução. A exemplo de Raul Seixas e sua sociedade alternativa, Belchior exaltava a ruptura com as velhas estruturas. Só que sua rebelião também tinha um toque romântico e nacionalista, reafirmado pela regravação de "A palo seco", do primeiro álbum, *Mote e glosa*. "Um tango argentino me vai bem melhor que um blues", diz o artista, que enfatiza a própria condição de se expressar com recursos e instrumentos nativos ("Eu grito em português").

O disco mudou a vida de Belchior para sempre. Ele já fazia certo sucesso entre o público feminino, mas as gravadoras e a imprensa especializada começaram a cobrar dele uma postura mais favorável às publicações de celebridades. Em julho de 1977, *O Globo*, em sua edição matutina, estampou: "As fãs mandam cartas ousadas e fotos sensuais. Mas Belchior se nega a ser o sonhado galã". Era quase uma cobrança, que foi se intensificando. O mesmo jornal, em setembro de 1978, ouvia dele: "Símbolo sexual, eu? Nem de longe".

O fato é que a fama exacerbou realmente certo lado de Belchior, de voracidade sexual, e ele passou a usar o assédio feminino em prol do desenvolvimento do novo vício. No início dos anos 1970, namorou Nini Barreto, irmã da atriz Marcia de Windsor, e tentou de todas as maneiras demovê-la de voltar para Minas Gerais para que ficasse com ele no Rio. Sofreu horrores. Em 1980, ficou fascinado pela fotógrafa gaúcha Dulce Helfer, que trabalhava no jornal *Zero Hora*, e pensou seriamente em largar tudo e ir viver com ela no Sul. Diversos amigos o descrevem como um artista que "passava o rodo" nas *groupies*, uma espécie de Mick Jagger de formação teológica. Separava as fãs de cama e mesa ainda na porta do camarim. Isso preparou um pouco o caminho para a fama de *latin lover* que ele seria obrigado a ostentar em discos posteriores.

A questão do sexo na obra de Belchior é sempre tratada de forma franca, e às vezes até com um substrato escancaradamente gilberto-freyriano, como em "Balada de Madame Frigidaire", épico sobre a questão do consumo. "Ora! desde muito adolescente me arrepio ante empregada debutante/ Uma elétrica doméstica então.../ Que *sex-appeal*! Dá-me frio na barriga!/ Essa deusa da fertilidade, *ready made* à la Duchamp, já passou de minha amante/ Virou *super-star*, a mulher ideal, mais que mãe, mais que a outra/ Puta amiga!" Ele está falando de uma geladeira nova, mas obviamente não só disso.

E era verdade aquilo que Belchior dissera a Elis: naquele momento crucial em que se conheceram, no fim de 1973, início de 1974, ele vivia no canteiro de uma obra de construção civil.

O próprio Mazzola, quando quis levá-lo para mostrar o repertório de *Alucinação*, ligou para o número que ele tinha deixado e foi atendido por um pedreiro. Demorou para ele conseguir explicar que queria falar com um rapaz meio hippie, de barba e bata, de fala mansa, de olhar compreensivo. "Ah, é o Bel!", disse o pedreiro.

Os versos de Belchior, escritos ali num quarto que sumiria em seguida, pareciam ganhar ainda mais sentido. A casa que lhe emprestaram estava em demolição; quando um quarto ia ser derrubado, ele se mudava para outro aposento. Não havia cenário mais adequado para sua leitura de temas como a espoliação, sobre uma gente "que dorme sob as luzes da avenida/ É humilhada e ofendida pelas grandezas do Brasil/ Que joga uma miséria na esportiva/ Só pensando em voltar viva/ Pro sertão de onde saiu", como cantou em "Monólogo das Grandezas do Brasil".

Sem dinheiro e comendo de favor em diversos lugares, o cearense vivia uma fase de quase desencanto. "Que nordestino não passa fome em São Paulo?", brincou, em entrevista, vinte anos depois, enumerando os amigos que o alimentavam com mais frequência: Walter Silva, o Picapau; Paulo Vanzolini, o compositor de "Ronda"; Vinicius, Toquinho e Carlinhos Vergueiro. "Vinicius pedia pratos generosos para que sobrasse sempre um pouco mais."

Foi mais ou menos nessa altura da vida de filão, entre 1974 e 1976, que Belchior incorporou um componente mais sarcástico em suas composições. "Aluguei minha canção/pra pagar meu aluguel/ e uma dona que me disse/ que o dinheiro é um deus cruel", ele cantou em "Tocando por música", de 1987. "Hoje eu não toco por música/hoje eu toco por dinheiro/na emoção democrática/ de quem canta no chuveiro/faço arte pela arte/sem cansar minha beleza/ assim quando eu vejo porcos/ lanço logo as minhas pérolas."

Nessa época de vacas magras, havia um rodízio curioso estabelecido pelos cearenses em férias. Quando vinham para São

Paulo e ainda não tinham onde ficar, entre 1971 e 1973, hospedavam-se na casa de Rodger Rogério. Quando iam para o Rio, hospedavam-se na casa de Jorge Mello.

Aconteceu que, antes de morar na capital paulista, Belchior chegou para uma dessas temporadas na casa de Rodger. Era 1973, ano em que o desespero estava na moda, segundo sua canção. Rodger, no entanto, também não estava em São Paulo, tinha ido viajar, e Belchior foi convidado a participar de um encontro internacional de iogues do Centro Narayana, em Bertioga, no litoral de São Paulo.

O encontro teve um contratempo feio: o governo militar vetou a entrada, no Brasil, dos mestres iogues da Índia, atração maior do evento, sem explicação. Belchior, que já tinha tomado contato com a ioga por meio de um professor chamado Hermógenes, e estava fascinado pela disciplina espiritual da prática, acertou de fazer um show de violão e voz ao final do encontro para combater o anticlímax dos cancelamentos.

Foi no litoral, assistindo às aulas de ioga, que Belchior reparou numa loira, que estudava naquela turma. Ela era alta, longilínea, refinada, doce. Angela Margaret Henman, que rodava a noite num Karmann Ghia vermelho, tornou-se um toque de mistério vitoriano na vida do artista brasileiro mambembe. Belchior se apaixonou perdidamente. Ele estava acompanhado do fotógrafo Mario Luiz Thompson, que fazia as fotos da capa de seu primeiro LP, *Mote e glosa*. Criou coragem e a convidou para ir ao Nordeste. Angela, igualmente interessada no cantor cheio de tiradas bem-humoradas, convocou uma amiga australiana e lá se foi para Fortaleza, sendo hospedada por Fausto Nilo, o grande chapa de Belchior.

Jovem e de espírito aventureiro, Angela andou depois um tempo pelo Nordeste. "Moramos três meses em Salvador, eu e minha amiga, dando aula de inglês e ioga", lembra. Quando ela voltou a São Paulo, em abril de 1974, o disco de estreia de

Belchior estava pronto e eles começaram a namorar firme. Angela era uma mulher independente e alegre que repartia com ele paixões comuns, como a ioga e os vinhos. A vida dele entrou num eixo de romântica normalidade. Casaram em 1976, numa cerimônia na casa dos pais de Angela, filha de ingleses de classe média típica de Oxfordshire.

Nesse mesmo ano, a sorte de Belchior em relação à fama começava a mudar com a repercussão de *Alucinação*. A vida de Belchior ainda era dura, mas melhoraria substancialmente com o sucesso do disco e dos shows ao vivo. Inicialmente, foram viver num apartamento alugado no Bixiga. Foi em dezembro de 1976 que nasceu a primeira filha, Camila. Em 1981, nasceria o segundo filho do casamento com Angela, Mikael.

O pai de Angela era um daqueles britânicos de cachimbo na boca e fleuma colonial, tinha uma queda por consertos de todo tipo de apetrecho mecânico. Chegaram ao Brasil nos anos 1940, ele e a mulher, vindos de Buenos Aires, atraídos como muitos pelas novas oportunidades de trabalho e negócios. Belchior e o sogro tornaram-se grandes amigos, ficavam horas deitados em suas redes conversando após o almoço do domingo. O sogros viviam no Brooklin, em São Paulo, e foi do jardim da casa deles que Belchior tirou a inspiração para uma de suas memoráveis canções-poemas, "Ypê" (do álbum *Objeto direto*), cuja base musical tem algum sabor de George Harrison. "Vede o pé do ipê, apenasmente flora/Revolucionariamente/apenso ao pé da serra."

Os dois filhos de Belchior com Angela podem postular a cidadania inglesa, mas não a têm. Quando Mikael nasceu, já na década de 1980, Belchior sentiu-se ainda mais enraizado. Para ter sua família mais perto, o sogro comprou-lhe um apartamento no Campo Belo (ele compraria outro apartamento, maior, em 1993, no mesmo bairro). Camila tinha uma pinta no rosto do lado esquerdo, igualzinha à sua. Era uma menina de olhar profundo e logo se mostrou interessada em tudo que Belchior fazia no seu ateliê, que ficava a poucos quarteirões de sua casa. Ele desenhava e pintava, ela também. Na família, em geral, ela era Mila. Mas o pai lhe inventava apelidos: Lola, Lolinha, Lolotita e Lolota. Ela deixava os desenhos espalhados pelo ateliê, pareciam destinados ao cesto de lixo. Mas, assim que ela saía, ele os recolhia e guardava numa pastinha.

Camila foi puxada para o universo das artes visuais por essa influência do pai. Inicialmente, foi para o lado do teatro. Mas não estava convicta. Gostava da coisa pictórica. "Putz, adoro antropologia, sociologia, mas não sei o que estudar." História a atraía, mas não preenchia toda a inquietação que sentia aos vinte anos.

A filha se lembra dele sempre como um pai muito atento e cuidadoso. Em 1994, recordou, o Brasil ganhara a Copa do Mundo e todo mundo ficou eufórico. Romário e Bebeto estiveram em estado de graça. Camila e Mikael foram chamados pelos amigos do bairro para irem à Paulista festejar. Belchior não permitiu. "Imagina, ali está perigoso, gente fora de si, muita maluquice. Não vai, não vai, não", sentenciou.

Belchior costumava levar Camila ao cinema. Um dia, foram ver *Sonhos*, de Akira Kurosawa, que tinha acabado de estrear. Dividido em oito histórias baseadas em sonhos que o cineasta japonês teve, era uma viagem que seduziu Camila. Ela ficou especialmente tocada pelo episódio em que um estudante de artes penetra no universo dos quadros do pintor holandês Vincent van Gogh em uma visita a um museu. É uma história em que o suporte-chave é a pintura *Campo de trigo com corvos*.

Foi ali, na sala de cinema, que a filha de Belchior se deu conta de que existia uma disciplina que abarcava várias, história da arte, por meio da qual poderia "estudar cultura através das coisas que são feitas e como são feitas". Após alguns dias amadurecendo a ideia, foi falar com o pai sobre sua decisão. "Acho genial!", entusiasmou-se Belchior, na época um rato de sebos em São Paulo. Como tinha parentes na Inglaterra, ela descobriu um bom curso por lá e ficou morando no País entre 1996 e 2000.

Belchior comprava exemplares raros de muitos livros, especialmente de arte. Esse acervo ninguém sabe onde foi parar. Camila adorava trocar figurinhas com ele, gostava quando ele achava algo que considerava valioso e repartia a descoberta com ela. Era um embate intelectual também: ele adorava Renoir, ela detestava, preferia Manet. Ele tinha amigos que calhavam de ser luminares das artes visuais do país. Ele lhe falou de Nelson Leirner e de Cildo Meireles, apresentou pintores e desenhistas que admirava.

Quando voltou ao Brasil, Camila trabalhou na produção e curadoria da Bienal de São Paulo. Um dia, nos anos 2000, já adulta, com estágio no Guggenheim de Nova York e mestrado na Inglaterra, ela passou no ateliê do pai, que ficava a poucas quadras do apartamento em que viviam, e ele lhe disse: "Separei uma coisa para você". E veio com a pastinha com centenas de desenhos e rabiscos de criança dela, onde tinha colocado nomes, datas.

Assimilado aos confortos de São Paulo, Belchior iniciou a conversão à classe média. Passou a fumar charutos e cachimbo e sempre preferiu o vinho. Amealhou uma coleção de livros invejável, que guardava em seu ateliê, no Campo Belo. Mas não era só um degustador das coisas intelectuais e refinadas: também via futebol e tornara-se torcedor moderado do Corinthians, encantado com a fase da Democracia Corintiana de Sócrates e Vladimir. Havia uma academia de caratê em cima da padaria, na esquina do apartamento dos Belchior, em São Paulo. O filho Mikael, aos 11 anos, começou a praticar a arte marcial. O pai foi vê-lo lutar e, para surpresa do menino, também resolveu se matricular. "A imagem é incrível, porque ele não é exatamente uma figura difícil de notar", diverte-se Mikael.

Belchior, segundo observou Mikael, "importou" do caratê alguns dos gestos teatrais que passou a utilizar nos shows, simulando golpes estilizados no ar enquanto cantava. Chutes laterais e gritos em japonês, de vez em quando, surgiam pelos palcos do país.

O relacionamento entre Belchior e Angela Henman nem sempre foi harmonioso. Tiveram alguns arranca-rabos memoráveis, como contam amigos que presenciaram ou foram chamados na calada da noite para mediar a confusão. Ela, se tomava um drinque a mais, o ironizava: "Gozado, eu, que sou inglesa, como paçoca. O Belchior, que é cearense e miserável, toma vinhos finos e come só queijo suíço", teria dito uma noite, segundo uma pessoa próxima ao casal.

Discreto em sua vida privada, Belchior nunca deixou que a imprensa ou o mundo das fofocas definisse sua agenda. Durante os 34 anos que o casamento durou, nenhuma foto da família saiu na imprensa. Tampouco há disponíveis na internet imagens de sua mulher ou das crianças. Belchior contou à família sobre as duas filhas que tivera fora do casamento. Angela sabia que Bel já não era mais o seu bardo exclusivo havia muito tempo. Muitas garotas se gabam de terem conhecido Belchior intimamente. Ela ainda demoraria alguns anos para tomar uma atitude, até que o próprio companheiro saiu de casa e foi morar em seu escritório. Em 2009, ela entrou com uma ação para receber 25 mil reais em pensões atrasadas, o que lhe foi concedido pela Justiça. Mas Angela Henman nunca deixou de considerar Belchior seu marido.

Vida, pisa devagar

O sucesso traz consigo um cipoal de problemas, mas quem se importa? Em 1977, Belchior estava realmente com tudo. Fez temporada de um mês no Centro Cultural São Paulo e a fila era gigantesca. Dividiu uma temporada com a cantora Simone no Teatro João Caetano, na série Seis e Meia, e tiveram que instalar um telão fora do teatro, tanta gente que tinha. O público gritava "gostoso", "lindo", "divino". A repercussão de *Alucinação* o transformara em um superstar.

"Há muito tempo não se via coisa parecida: dois pelotões da tropa de choque da Polícia Militar, um carro de bombeiros e duas ambulâncias policiaram na quinta-feira da semana passada o Teatro João Caetano para tentar conter a multidão que tentava assistir ao show das seis e meia da tarde com os cantores Belchior e Simone", registrou a revista *Veja* em agosto de 1977. "Em todos os espetáculos, a casa permaneceu superlotada, sendo vendidos 1905 ingressos, embora só haja 1361 poltronas. E ainda assim, durante a semana, todos os dias, cerca de 5 mil pessoas em média retornavam às suas casas decepcionadas."

Em feiras agropecuárias, Belchior chegava a reunir 10 mil pessoas. "Belchior provoca tumulto", escreveu um jornal. "As pessoas estão sequiosas de alguém que diga coisas", ele dizia, tentando explicar o assédio.

Foi nesse período, que antecedeu o lançamento do disco *Coração selvagem*, que Hélio Rodrigues Ferraz se tornou seu empresário, cargo no qual permaneceria durante os próximos trinta anos. Hélio não era do ramo musical. Antes de Belchior, ele trabalhara na produção de teatro, com algumas peças famosas no currículo, como *A gaiola das loucas*, com Jorge Dória, e *Tango*, com Tereza Rachel, que ficou dois anos em cartaz no Teatro Ginástico do Rio. Também trabalhara com o mitológico Ziembinski, em *Dom Casmurro*. Do teatro de lendas, Hélio largou tudo para seguir com Belchior, viga cênica de uma nova música. Depois do cearense, trabalhou também com Jards Macalé, Walter Franco, Elba Ramalho, Moraes Moreira, Novos Baianos, Baby do Brasil e Jorge Benjor, entre outros. Mas seu carro-chefe era Belchior.

Juntos, eles realizavam uma média de dezoito shows por mês. Em alguns meses Belchior chegou a fazer 36 apresentações, dobrando as sessões nas sextas, sábados e domingos. Nunca atrasava, nunca cancelava espetáculos. Mesmo ardendo em febre, tomava um suador doido e fazia o show. E ainda atendia todos os fãs que o procuravam no camarim, após a apresentação, dedicando de dois a cinco minutos a cada um deles. "Belchior era muito agradável. Conseguia conversar com você sobre um assunto por horas, tinha grande senso crítico e não era pedante. Nunca fez concessões artísticas", conta Hélio.

Coração selvagem integraria uma tríade de álbuns impecáveis de Belchior, curiosamente os três primeiros. O disco traz a canção que Belchior queria que tivesse dado nome a *Alucinação*, "Populus", intenção frustrada com a intervenção da censura da ditadura militar, que vetou a música naquele álbum.

A cinefilia de Belchior transparece já no título e na música-tema, "Coração selvagem", que é coalhada de referências ao cinema. "Não se deve entregar seu coração para um selvagem. Quanto mais der, mais fortes eles ficam. Até que ficam tão fortes que correm e voam para bem longe", diz Holly Golightly, a personagem do filme *Bonequinha de luxo*, de Blake Edwards, baseado no romance de Truman Capote. "Meu coração, cuidado, é frágil/meu coração é como vidro, como um beijo de novela", canta Belchior.

Há um toque de elogio às diferenças também na letra, que cita en passant os atores James Dean e Sal Mineo, ambos gays, ícones de Hollywood. "Talvez eu morra jovem, alguma curva no caminho, algum punhal de amor traído, completará o meu destino." James Dean morreu após bater a toda velocidade com seu Porsche 550 Spyder, em 1955. Sal Mineo, ator de *Juventude transviada*, foi morto com uma facada no coração em 1976, em um beco de West Hollywood.

Um coral gospel tinge "Coração selvagem", faixa que tem marcação extraordinária de baixo e a bateria de Pedrinho. O time de músicos é de feras: Chico Batera, Mauricio Einhorn, Chiquinho do Acordeon, Carlos Didier nos sintetizadores Moog. Há convidados de peso, como o contrabaixista Jamil Joanes, que integrou o Som Imaginário; a Banda Black Rio, grupo de soul music formado na década de 1970; e o violonista e guitarrista Hélio Delmiro, afeito ao jazz, que tocou com Sarah Vaughan e Dave Grusin.

"Paralelas" também está nesse disco. A canção, que tinha se tornado talvez o maior sucesso da carreira de Vanusa, em 1975 (é o maior símbolo de sua trajetória), só seria gravada por Belchior nesse álbum. Belchior reprisa, em "Paralelas", a visão de um certo apartamento misterioso que ele já tinha cantado em "Alucinação" ("Meu corpo que cai do oitavo andar"). Agora, a letra diz: "No apartamento, oitavo andar, abro a vidraça e grito, grito quando o carro passa/Teu infinito sou eu". A cantora Lúcia Menezes conta que viu a música nascer. Belchior mostrou a ela na noite seguinte a um jantar, cantando pelo telefone, e diz que ele mudou um verso: antes era "No Karmann Ghia, sobre o trevo, a cem por hora, oh, meu amor!".

A gravação de Vanusa em seu LP *Amigos novos e antigos* saiu pouco antes de Elis o lançar para seu arrasa-quarteirão geracional, e fez Belchior sentir pela primeira vez o doce gostinho do sucesso. O cantor foi apresentado a Vanusa na casa do executivo Antonio Carlos Tavares, que o estava hospedando. Tavares era assistente de Marcos Lázaro, o todo-poderoso empresário de estrelas da MPB na época. O sonho de todo compositor do período era ouvir sua música tocando no rádio, e a faixa do disco da cantora que mais tocou foi "Paralelas". Ocupou adoidadamente o dial do Oiapoque ao Chuí. Belchior conseguiu algum dinheiro e certo reconhecimento. E Vanusa (que encurtou um pouco a letra original) passou a ser ouvida por um público diferente daquele do seu segmento romântico tradicional.

A interpretação de "Paralelas" por Vanusa não chamou a atenção só no Brasil, mas em outras partes do mundo. Em 1978, Belchior tinha ido à Europa para o casamento do irmão de sua mulher, Angela, em Londres. Foi a primeira vez que viu neve, durante uma visita a Edimburgo, na Escócia. Também foi a Paris, ficando hospedado na casa do violonista Manassés, seu velho parceiro, que estava vivendo na capital francesa. Foi quando a cantora Gigliola Cinquetti, diva da canção popular italiana, sabendo que ele estava na Europa, convidou Belchior para ir à Itália.

Em Roma, ele ficou hospedado na casa do compositor Sergio Bardotti, o autor de *I musicanti* (que Chico Buarque transformaria em *Os Saltimbancos*). Bardotti foi contratado para trabalhar numa versão para o italiano do sucesso de Belchior, para um novo disco de La Cinquetti. Belchior dominava o italiano com bastante proficiência, tinha estudado no mosteiro dos capuchinhos. Ela estava no auge da carreira. Tinha disputado com o grupo sueco ABBA o concurso Eurovision e suas músicas estavam galgando o hit parade da Inglaterra.

O resultado do encontro entre a italiana e Belchior foi "Parallele", gravada por Gigliola no disco *Pensieri di donna*, em 1978. Uma noite, saíram para jantar e assistir a um show do compatriota Benito di Paula, que estava se apresentando em Roma. Estavam na mesa Belchior, Gigliola Cinquetti e a mulher de Belchior, Angela Henman. Num momento em que Angela foi ao banheiro, paparazzi espertos flagraram a cantora italiana falando divertidamente ao ouvido de Belchior, e os tabloides da manhã seguinte saíram com a tese de um novo romance entre a moça e o "cantautore brasiliano".

Belchior pirou em Roma. Foi um inverno rigorosíssimo o de 1978. Ele correu os museus e as academias, e ficou frustrado de não poder ir até Veneza por conta da neve, que bloqueou estradas e cancelou viagens de trem. Sua reputação de latin lover aumentava consideravelmente também.

Parte da crítica parece concordar que, nessa altura da carreira, Belchior, tanto em *Coração selvagem* quanto em seu quarto LP, *Todos os sentidos*, cede à tentação de investir, assim como alguns cantores da década de 1940 e 1950, no apelo "sexual" da sua voz e de sua figura. Assim, a voz meio rouca, particularmente anasalada, roufenha, que era folk e casual no álbum anterior, *Alucinação*, passou a ostentar um sentido de erotismo.

Certa noite, Belchior baixou em Fortaleza para lançar *Coração selvagem*. A Rádio Iracema tinha um programa pilotado por Rui Nogueira, chamado *Terral*, que só tocava música cearense, na calada da noite. Pelas ondas do rádio, Rui prometeu ao primeiro ouvinte que chegasse à sede da rádio, ao lado do Teatro José de Alencar, um encontro ali mesmo com o maior ídolo da música cearense, Antonio Carlos Belchior, além de uma fita K-7 e um LP autografados pelo cantor. O jovem Nirton Venâncio morava ali perto, na Imperador. Abalou-se sem pensar muito, pela calçada, correndo como um louco. Subiu 32 lances de escada e, arfando, entrou no estúdio. Belchior vestia uma camisa de seda cinza-escura, estava sentado na sala. Ele se levantou, foi até o suado Nirton e o abraçou como a um velho amigo. Nirton pôde assistir ao programa, e ficou bestificado, sem palavras, tremendo feito vara verde.

Mais tarde, Nirton Venâncio se tornaria cineasta. Um dos grandes especialistas na obra de Belchior e de todos os parceiros do pessoal do Ceará, ele dirigiria um documentário sobre os ídolos. Àquela altura, moleque ainda, já havia se espantado com os álbuns *Mote e glosa* e *Alucinação*. Mas, dali em diante, acompanharia a trajetória de Belchior com ainda mais afinco e atenção.

Em 2004, o jornalista Pedro Alexandre Sanches, então na *Folha de S.Paulo*, comentou, a respeito de *Coração selvagem* e seu sucessor, *Todos os sentidos*: "[...] um novo rótulo foi agregado à imagem do macho latino-americano bigodudo: o de *sex symbol*. A capa de *Coração selvagem* expunha um homenzarrão de torso nu, banhado de mortiça luz lilás. O artista passou anos desmentindo a imprensa a intenção de ser sexy, mas as mulheres passaram a desafogar comportamentos de histeria em seus shows, e nunca ficou esclarecido se o *latin lover* nascera de tática própria, estratégia de gravadora ou mera espontaneidade".

Já em *Todos os sentidos*, Sanches anotara, aparecia um Belchior em fundo negro, camisa aberta, mão no rosto, olhar fatal. O crítico e repórter via na embalagem de Belchior, em pleno 1978, uma reação ao boom norte-americano da discoteca e do frisson causado pela novela global *Dancin' Days*, cujo tema era interpretado pelo grupo Frenéticas. "Havia no ar uma nova proposta hedonista, de política do corpo, de vale-tudo sexual movido não mais a maconha, a LSD, mas a cocaína (Belchior exporia essa veia na canção de marginália 'Ter ou não ter', uma epopeia deslindada em sexo por dinheiro, drogas e assassinato). [...] o *sex symbol* [...] agora parecia um John Travolta tropical, bem desastrado."

Conforme cresciam sua reputação e influência, Belchior também se tornava alvo e vidraça. Eram tempos espinhosos. Mas, mesmo tolhido pela censura por canções como "Pequeno mapa do tempo", "Caso comum de trânsito" (que teve só duas palavras, "tempos estranhos", censuradas) e "Populus", Belchior nunca gostou de ser ponta de lança de militância contra o regime de exceção, nunca assumiu essa condição. Sua abordagem de política sempre foi mais consoante com a retomada do indivíduo, mais Mikhail Bakunin do que Marx e Lênin.

"Não é simplesmente a arte ou a informação que estão sendo censuradas, mas todo o povo", ele declarou à revista *Veja*, em junho de 1976. "Como é mais difícil censurar todo o povo, censuram-se os intelectuais, os artistas, a imprensa. Vão se criando padrões de pensamento, de censura, mesmo no nível da conversa de bar."

"Eu não faço música partidária. Eu sou a favor de um recrudescimento das qualidades individuais, diante de qualquer instituição e também da instituição política. Tem governo, eu sou contra. Tem partido, eu sou contra. Eu não quero pertencer a partido, igreja, escola, a nenhum grupo institucional. Eu só pertenceria a um partido que não quisesse o poder", afirmou o cantor, em entrevista publicada pela revista *Música*, em setembro de 1979.

Nessa entrevista, Belchior aborda com rara profundidade sua visão política do mundo. "A arte deveria, ou deve, dizer às pessoas que o poder não é tão importante. Por que temos de obedecer? Por que nós devemos estar humilhados ou sujeitos a ideologia política, pensamento, religião? Por quê? A minha arte quer propor uma liberdade de tudo. Eu, como artista, posso propor uma coisa muito maior do que qualquer partido político pode propor. Eu sei que não posso conseguir, porque não faz parte da arte a concepção desses resultados. Mas posso propor coisas muito mais abertas. Como artista, posso propor muito mais liberdade do que qualquer partido político pode propor para mim. A minha função como artista é muito maior do que se eu fosse deputado, senador. O que eles podem propor, podem fazê-lo dentro de determinados limites, e eu posso extrapolar esses limites. Porque eu trabalho com a utopia."

A utopia, entretanto, não o tirava do front. Seu nível de politização era infinitamente maior do que o de muitos colegas. Com um título no latim que lhe era familiar, ele compôs "Populus" (que quer dizer "povo") em 1975, mas só conseguiria gravá-la em *Coração selvagem*, de 1977. Composição mais cáustica e mais direta sobre a situação do trabalhador brasileiro, a expropriação do trabalho e o massacre dos direitos sociais, a composição fez os censores morderem os lábios na Divisão de Censura de Diversões Públicas da Polícia Federal.

Populus, meu cão
o escravo indiferente que trabalha
e por presente tem migalhas
sobre o chão
populus populus populus, meu cão

Não teve jeito. "Populus" meio que comprovou para os sinistros servidores públicos da Divisão de Censura de Diversões Públicas da Polícia Federal que havia um subversivo por trás daquele bigode. Mas, como já não tinham permitido que entrasse em *Alucinação*, um ano antes, não tinham mais a mesma circunstância à sua frente. Belchior agora era célebre, popular, amado, conhecido e disputado pelos programas de rádio e televisão. Deixaram passar. Preferiram pensar que o cão Populus não era uma metáfora do homem do povo, e sim apenas um cachorro de nome engraçado.

Primeiro foi seu pai segundo seu irmão
terceiro agora é ele agora é ele agora é ele
de geração em geração em geração
No congresso do medo internacional
ouvi o segredo do enredo final
sobre populus meu cão
sobre populus meu cão

"Populus" incomodou a Censura, mas foi surpreendente que "Pequeno mapa do tempo", menos explícita, causasse o mesmo efeito. Em 29 de março de 1977, a equipe de censores registrou que a música embutia mensagens de protesto político contra a realidade brasileira e sua condução pelo governo militar. A opção da Divisão de Censura foi pela completa interdição de "Pequeno mapa do tempo".

No disco mais importante de sua carreira, a Censura havia sido implacável. Ainda um desconhecido para o grande público, o cantor se vira obrigado a modificar músicas para conseguir sua aprovação. Das quinze canções do álbum *Alucinação* que enviou para a Censura, doze foram aprovadas e três foram retidas. Das três, duas tiveram aprovação ("Apenas um rapaz latino-americano" e "Não leve flores"). Após essa peneira, o disco foi lançado só com dez faixas.

Era uma época em que se pisava em brasas. O compositor e cantor pernambucano Geraldo Azevedo foi preso em 1976 por causa de um abaixo-assinado encontrado em seu apartamento. Foi levado à Ilha das Flores, no Rio. Enquanto era torturado, seus carrascos aumentavam o volume de sua própria música, "Caravana", que estava na trilha da novela *Gabriela*, na TV Globo. Outros artistas do pessoal do Ceará sofreram censura. "Cavalo ferro", de Fagner e Ednardo, teve um verso modificado pela ação dos censores, com a expressão "se decide" substituída por "se divide".

Teria sido um espanto para os censores que trabalharam em retalhar uma obra artística se pudessem enxergar o futuro. Anos depois, aquele segundo disco de Belchior, *Alucinação*, que tanto cercearam, foi considerado, em eleição do jornal cearense *O Povo*, como o disco mais importante já feito por um cearense em todos os tempos. "*Alucinação* é uma obra-prima. Você o ouve de cabo a rabo e não tem nada fora de lugar, todas as canções são perfeitas. É uma preciosidade", disse o cantor pernambucano Lenine certa vez.

No final dos anos 1970, o modo de vida meio hippie já estava ficando para trás. Belchior tinha sido "assimilado", fora finalmente admitido no establishment da MPB. Mantinha a média de 130 shows por ano e também tinha tocado na Europa e nos Estados Unidos. As gravadoras faziam suas vontades e o bajulavam. Para fazer o disco *Todos os sentidos*, ele foi pela primeira vez levado à mixagem nos Estados Unidos, primeira escala de um esforço de divulgação internacional. Conheceu lá outro artista brasileiro, Ney Matogrosso. Bel só não parecia disposto, como nunca esteve, a abrir mão de seu espírito independente.

Gravou no Westlake Audio Studio (onde já tinha sido mixado *Coração selvagem*), com reforço de músicos americanos, como o tecladista David Foster, o baixista Dee Hungeth e o coral de Bill Chantlin, entre outros. "Foi uma experiência importante. Eu pude ver, principalmente em Los Angeles, como acontece o disco. Como está sendo feito o consumo do material musical. Como se faz o comércio do disco. Como se monta um show, que tipo de guitarra os músicos tocam etc. Esse tipo de coisa me interessa, na medida em que são instrumentos do meu trabalho. Mas não me impressiona muito. Eu venho de uma realidade artesanal, rudimentar, em que você sabe que pode exprimir muitas coisas e criar muito com meios precários. Você pode descobrir meios e se contentar com determinadas imperfeições, sem que isso altere a expressão do seu material criativo. Então, isso não me preocupa."

Belchior voltou engraçado, comportamento mais aberto, ousando com roupas em que usava plumas e paetês e até mesmo brincando com citações meio suspeitas. O esquema nos Estados Unidos, declarou a uma revista, o teria feito lembrar uma frase de Miles Davis: "Que maravilhoso país o nosso, onde se pode contratar quarenta músicos para tocar em uníssono!". E revelou: "A Warner está estudando a possibilidade de lançar um disco meu por lá, mas existe um problema sério: a tradução das letras, que são o forte das minhas músicas. Para fazer uma adaptação ruim, onde as coisas que digo percam a força, não vale a pena".

A fase sensual se desenrolava, para muitos de forma evidente, nos álbuns desse fim da década de 1970, o que levou Belchior a sair do casulo e explicar: "Numa sociedade politicamente reprimida existe, consequentemente, uma sensualidade reprimida. Por isso tudo é que não adianta nada fazer um disco que não mobilize a consciência das pessoas".

Ele mudava o tom da política convencional para o da política do corpo, dos afetos. Consolidava também um discurso amoroso ousado, complexo, com fundamentos psicanalíticos que faziam eco imediato no público feminino. Com Chico Buarque e Roberto Carlos, Belchior forma uma tríade de compositores e intérpretes brasileiros que estabelece uma conexão muito direta e íntima com o público feminino. Chico Buarque tem a capacidade de se investir das personas femininas como se se tornasse uma suave projeção holográfica, o que um ensaísta chamou de "lírica travestida"; Roberto Carlos coopta as moças pelo seu lado protetor, de guarda-costas sentimental, a oferta do amor como fortaleza indevassável; já Belchior oferece outra promessa: é a da cumplicidade do rompimento, da ruptura com o mundo, da imprevisibilidade.

"Vem viver comigo, vem correr perigo, vem morrer comigo", cantou ele em "Coração selvagem". "Vem, estrela camponesa/vênus/nuvem nua/lua nova/anjo fêmea/e beija-me/oh! yes! oh! yes! como se eu fosse um homem livre", disse Belchior em outro clássico, "Brasileiramente linda". Ou, como em "Amor de perdição", com Francisco Casaverde, do disco *Elogio da loucura*, "Depois, não pressentir sequer/o que no pré, em meio, após/quer de si, quer de mim, quer de Deus, uma mulher".

Sua música parecia ficar cada vez mais impregnada de um sentimento de antimovimento, de antirrotação, meio anárquico. "Eu não quero propor nenhuma liberdade menor. Da mesma forma que existe essa utopia de liberdade, existe a utopia de como consegui-la. Eu, por exemplo, acho que para conseguir liberdade, tem que se pulverizar o poder, diminuí-lo ao máximo, ao ponto de todas as pessoas gerirem individualmente as suas vidas e presença no mundo, não precisando de nenhum chefe de rebanho, mestre, religião. Isso pode dar a ideia de que o meu trabalho não pretende tocar na política. Eu não quero fazer uma música simplesmente falando sobre o divórcio. Eu quero muito mais que isso. Não basta que o MDB vá ao poder. Eu quero que o poder não mande em mim. Minha utopia é paradisíaca, edênica, dionisíaca. Eu acho mais importante cuidar da felicidade das pessoas do que do Produto Interno Bruto."

A verdade está no vinho

Jardineiras jeans, camisetas baby look, calças de pregas com suspensórios, chapéus de fazendeiro australiano. Bistrôs franceses, amigos ingleses. Em 1978, Belchior tinha chegado à *mondanité* e seu bigodão à la Rivelino o tornara uma espécie de dândi, um ícone fashion. Sua condição de ídolo estava sedimentada, ele frequentava todos os espectros sociais, e dizia que sua meta era chegar à maior variedade de gente possível. A gravadora via, naquele trânsito franco de que ele desfrutava entre polos distintos da MPB e do público, uma abertura para situar um novo fenômeno popular. Começaram os esforços para sensualizar Belchior, esforços que culminariam no álbum *Todos os sentidos*. Versos como "vou brincar de amor a noite inteira" não pareciam dignos da ourivesaria do cearense e de tudo que ele fizera anteriormente na década, mas agora estavam ali, à frente de um disco em que ele olha com olhos de raio X para o ouvinte na foto da capa, aos 31 anos, mão lânguida no cabelo, foto em preto e branco, camisa aberta no peito.

Uma das canções do período, "Bel-prazer", pintava com jeito de manifesto: "Libertar a carne e o espírito / Coração, cabeça e estômago / O verbo, o ventre, o pé, o sexo, o cérebro / Tudo o que pode ser e ainda não é". Ou então "Como se fosse pecado": "Dama do meu cabaré, quero gozar / Toda noite sobre tus pechos dormidos". O disco foi recebido com críticas negativas, às quais Belchior respondia com sua tranquilidade costumeira: "Eu prefiro errar tentando inventar o avião do que trabalhar numa fábrica deles".

E estava ali também a primeira canção com a qual se apresentou, "Na hora do almoço", vencedora do Festival Universitário de 1971. A secura sonora da canção de Belchior a distancia de seu principal espelho, "Panis et circenses", aríete tropicalista de Caetano Veloso e Gilberto Gil, iluminado pelos Mutantes. Mas os versos são irmãos: "No centro da sala, diante da mesa, no fundo do prato, comida e tristeza" ("Na hora do almoço") e "Mas as pessoas na sala de jantar são ocupadas em nascer e morrer" ("Panis et circenses").

Na composição "Corpos terrestres", ele encarava o ritmo predominante do seu tempo, a disco music, acompanhado de um grupo símbolo do período, As Frenéticas. Mas a letra é inteira em latim, um tipo de refinado sarcasmo do compositor em relação aos temas da discoteca, que ele considerava fúteis. "Fiz um reescrito do texto bíblico. O latim era o que o inglês é hoje. Então, eu fiz uma discoteca em latim. Existe uma identidade entre o latim como uma língua universal da cultura romana e o inglês como a língua mercatória. O esforço criativo do artista deve violar aquilo que preconceituosamente é tido como sagrado, inviolável. Os intérpretes desse material são as pessoas que, dentro do ambiente artístico atual do Brasil, representam a alegria de viver, o deboche, a irreverência, o sexo, o prazer, os poderes do corpo. Foi uma música que eu fiz especialmente para ser cantada pelas Frenéticas, comigo", explicou Belchior em entrevista à revista *Música*, em 1978. Os textos bíblicos provinham do Cântico dos Cânticos, livro da Bíblia atribuído a Salomão.

Apesar de toda a badalação, uma coisa era certa: parecia ter se esgotado o magnetismo do compositor Belchior em sua capacidade de atrair novos intérpretes, coisa que tinha marcado sua carreira até aquele momento. Ney Matogrosso gravou quase simultaneamente, em *Feitiço*, de 1978, a canção mais emblemática do disco de Belchior, "Sensual". Parecia que aquelas palavras tinham achado o seu lugar no mundo. "Não vá pensar que é só a luz do refletor." Mas esse interesse dos intérpretes foi minguando nos anos seguintes, com algumas exceções: Jessé, Margareth Menezes, Rosa Maria, João Bosco e Leny Andrade, que gravou "Moto 1", de Belchior e Fagner, destaque do disco *Manera fru fru manera*.

Os arranjos deliberadamente mais populares do álbum *Todos os sentidos* pareciam, a alguns analistas, ter como alvo recuperar um prestígio de venda de discos que ele havia perdido momentaneamente. Mas é preciso notar a circunstância cultural em que o álbum foi gestado. Pouco antes, Caetano Veloso, um dos artistas com os quais Belchior teve maior diálogo artístico em toda a carreira, tinha lançado o disco *Bicho*, epíteto da sua fase "odara" – acusada, pela militância de esquerda, de alienada.

"Odara" é também o nome da canção que abre o disco, um elogio da diversão e do hedonismo. "Deixa eu dançar, pro meu corpo ficar odara, pra ficar tudo joia rara", diz Caetano, como se negasse de repente tudo de complexo e vanguardístico que fizera em seus discos anteriores, como o denso *Araçá azul*. Canções com certo apelo *lounge*, relaxantes, como "Two Naira Fifty Kobo", "Tigresa" e a ambientalista "Um índio", permeavam o álbum. *Bicho* era um disco corajoso, porque se insurgia contra um espírito obrigatoriamente militante, uma contingência ativista. Essa pegada também já mexia com Gilberto Gil, que lançara *Refavela*, disco que continha *statement*s de contrarrevolução. Como em "Era nova": "Novo tempo sempre se inaugura a cada instante que você viver/O que foi já era, e não há era/Por mais nova que possa trazer de volta/O tempo que você perdeu, perdeu, não volta/Embora o mundo, o mundo, dê tanta volta/Embora olhar o mundo cause tanto medo/Ou talvez tanta revolta".

Toda a aparente animosidade entre Belchior e Caetano Veloso, que os diálogos artísticos transpareciam, escondia também uma grande admiração de parte a parte. Em 1977, quando o LP *Coração selvagem* ficou pronto, Belchior estava saindo para uma turnê pelo país e Caetano Veloso estava fazendo show em um teatro em São Paulo. Belchior pediu à mulher, Angela, para que fosse até o teatro com um dos seus discos para dar a Caetano. Ela chegou e se identificou, e a levaram ao camarim. Caetano a recebeu efusivamente, agradeceu muito o disco e pediu a ela que ficasse para assistir ao show. Angela ficou até o final.

Certamente Belchior dialogava com *Bicho* e com *Refavela*, mas não perdera o ímpeto revolucionário. Aquele também era um disco no qual debatia questões que o impulsionavam para o futuro. "O meu trabalho todo foi voltado para a crítica dos anos 1960, da consciência maravilhosa dos anos 1960. Claro que a gente chegaria, naturalmente, a uma crítica do corpo. A uma abertura de novo da problemática física, da problemática do prazer, da problemática de dançar ou não dançar", explicou. Sua convicção era decisiva em suas relações profissionais.

O show do álbum sexy de Belchior também tinha uma superprodução digna de Beyoncé. Ele levava até vinte mudas de roupas para trocar de visual durante a apresentação. Era algo tão inaudito em se tratando de um artista de letras tão elaboradas que, uma vez, o jornal *O Estado de S. Paulo* o questionou a respeito. "Puro engano. Eu trocava de roupa porque sentia calor, ou frio. Não era uma coisa estudada", ele explicou. Mas, no show seguinte, o guarda-roupa ao estilo Imelda Marcos sumiria.

Após esse momento, digamos assim, sensualizado, a década de 1970 terminaria com o último disco irretocável da primeira fase da carreira de Belchior, *Era uma vez um homem e o seu tempo*, talvez o mais político de toda a carreira dele, e também aquele com mais hits depois de *Alucinação*, como "Medo de avião", "Brasileiramente linda", "Comentário a respeito de John" e "Meu cordial brasileiro".

Um dos maiores hits da carreira de Belchior, "Medo de avião" tem duas versões no disco, uma delas com dois versos extras e com o título "Medo de avião II". Única parceria com

Gilberto Gil, a letra da canção foi dada ao baiano para que a musicasse, mas Belchior acabou se esquecendo disso e fez sua versão. Como Gil, quase simultaneamente, fez seu arranjo, Belchior achou razoável colocar as duas versões no disco, como se fossem desdobramentos naturais.

Era uma vez um homem e o seu tempo exercita uma abertura maior, um diálogo de maior amplidão com os colegas: o disco contém duas parcerias com Toquinho, uma com Gilberto Gil e outra com o controverso potiguar José Luiz Penna, que viria a se tornar presidente do Partido Verde em São Paulo e que foi diversas vezes candidato a prefeito e até a governador: "Comentário a respeito de John".

John Lennon, a quem a música é dedicada, seria assassinado em 1980, um ano depois da composição. Belchior cita traduzido na letra o título da música "Happiness is a warm gun" [A felicidade é uma arma quente], dos Beatles, lançada no *Álbum branco*, em 1968. Belchior e Penna pareciam apoiar a decisão de Lennon de abandonar os Beatles e seguir seu rumo sozinho com Yoko ("Saia do meu caminho, eu prefiro andar sozinho, Deixem que eu decida a minha vida. Não preciso que me digam, de que lado nasce o Sol, porque bate lá meu coração. Sonho e escrevo em letras grandes, de novo, pelos muros do país").

José Luiz Penna, com Tiago Araripe e Paulinho Costta, criou o Papa Poluição, uma das primeiras bandas de militância ambientalista e também pioneira na fusão do rock com ritmos regionais nordestinos. Penna, com o Papa Poluição, trabalhou na trilha sonora dos filmes *Sargento Getúlio*, de 1983, e *A fronteira das almas*, de 1987, ambos dirigidos por seu irmão, Hermano Penna. Nos tempos do Papa Poluição, não havia a militância verde, esse movimento só veio bem depois. "Lembro que o Belchior assistiu a alguns shows nossos e ele gostava muito de uma canção do Penna que eu cantava que se chamava 'John'", conta o guitarrista Paulo Costta. Costta também cantava, com Tiago e Penna, e fazia os arranjos do grupo. "Até fizemos um show juntos no Sesc Pompeia. Sei que ele se interessou em gravar a música do Penna e acrescentou duas frases ótimas: 'Sonho, escrevo em letras grandes de novo pelos muros do país', e também 'sob a luz do teu cigarro na cama, teu rosto *rouge*, teu batom me diz'."

O pessoal do Papa Poluição ficou seduzido por aquele cara bem-humorado, culto e inteligente que os prestigiava. Belchior e Penna se tornaram grandes amigos. "Nós éramos uma banda. O pessoal da MPB dizia que éramos roqueiros, os roqueiros diziam que éramos MPB. E nós nos divertíamos com isso", conta Costta.

Entre todas as faixas de *Era uma vez um homem e o seu tempo*, ganha relevo "Tudo outra vez", a canção do exílio de Belchior. Essa música dialoga com um fato relevante da época em que foi lançada: o presidente João Baptista de Oliveira Figueiredo sancionaria a Lei da Anistia, que permitiu a volta de muitos exilados políticos brasileiros. A canção tem um narrador em terceira pessoa, um exilado que fala de sua condição e da iminente volta ao país:

Há tempo, muito tempo que eu estou longe de casa.
E, nessas ilhas cheias de distância,
o meu blusão de couro se estragou.

Ouvi dizer num papo da rapaziada
que aquele amigo que embarcou comigo,
cheio de esperança e fé,
já se mandou.

Aqui, Belchior toca numa ferida funda, a da tortura e do desaparecimento de presos políticos. É como se quisesse se penitenciar pelo hedonismo da fase anterior, abordando com peso e crueza temas tabus. Apesar de abordar com tanta contundência a ditadura, ele não foi inquirido pelos versos.

Sentado à beira do caminho pra pedir carona,
tenho falado à mulher companheira:
"Quem sabe lá no trópico a vida esteja a mil!".
E um cara que transava a noite no Danúbio Azul
me disse que faz sol na América do Sul,
e nossas irmãs nos esperam no coração do Brasil.

Minha rede branca, meu cachorro ligeiro...
Sertão, olha o Concorde que vem vindo do estrangeiro.
O fim do termo "saudade",
como o charme brasileiro
de alguém sozinho a cismar.

Gente de minha rua,
como eu andei distante.
Quando eu desapareci, ela arranjou um amante.
Minha normalista linda,
ainda sou estudante da vida que eu quero dar.

Até parece que foi ontem minha mocidade,
com diploma de sofrer de outra universidade.
Minha fala nordestina,
quero esquecer o francês.
E vou viver as coisas novas que também são boas:
o amor, humor das praças cheias de pessoas.
Agora eu quero tudo, tudo outra vez...

Deduz-se, pelas referências da letra da música, que o exilado que relata seus sentimentos foi embora do país quando ainda era estudante, que saiu do Nordeste e que passou a viver na França, sem escolha. O cara que transava de noite no Danúbio Azul, nome da valsa de Strauss, pode ser tanto referência a um cabaré de folias ligeiras quanto a um passeio por Viena durante o exílio. Há outra referência à cultura francesa e à cultura literária de Belchior: o verso "Sentado à beira do caminho" evoca o poema "Ma Bohème (fantasie)", de Rimbaud, provavelmente no tema da partida, da sensação de liberdade.

Há um tom de desabafo melancólico, algo nostálgico e decididamente desafiador, de confronto, nas canções de Belchior nesse álbum. Outra música forte nesse sentido é "Conheço meu lugar", que remete a García Lorca, poeta espanhol assassinado em 19 de agosto de 1936 pelo regime franquista. O próprio verso "Botas de sangue nas roupas de Lorca" faz referência a uma peça do escritor, *Bodas de sangue*, de 1932, que integra a trilogia completada com *Yerma* e *A casa de Bernarda Alba*.

O que é que eu posso fazer
Um simples cantador das coisas do porão?
Deus fez os cães da rua pra morder vocês
Que sob a luz da lua
Os tratam como gente – é claro! – aos pontapés

Era uma vez um homem e o seu tempo
Botas de sangue nas roupas de Lorca
Olho de frente a cara do presente e sei
Que vou ouvir a mesma história porca
Não há motivo para festa: Ora esta!
Eu não sei rir à toa!

Belchior então inicia os anos 1980 lançando um disco em que parece despir-se de qualquer reverência à sacralidade. "Objeto direto", sob uma batida funkeada de baixo, inicia com os versos "Eu quero meu corpo bem livre do peso inútil da alma/ Quero a violência calma de humanamente amar".

A verdade está no vinho (*in vino veritas*), diz Belchior na letra de "Objeto direto", agora esteta de um tempo novo. Ou, como diz o surrado ditado, a verdade aparece no ato de envelhecer bem algumas canções, ressaltando seu sabor, como 'Mucuripe', que retornou em uma versão ao piano, encerrando o álbum, soando mais crepuscular, jazzística, dolorida. Fagner lembra que estava numa noite de boemia quando Belchior o chamou a um canto para mostrar a canção. "Não éramos parceiros ainda. E Belchior me apresentou essa letra. No outro dia eu botei a música e, de noite, apresentei ali para um grupo de dez pessoas. Quando me toquei que as pessoas ficaram assustadas eu percebi que ela era especial", disse o cantor ao jornal *O Globo*.

Ao musicar a letra de Belchior, Fagner teve a ideia, instantaneamente, de mostrar a canção a Roberto Carlos. Num domingo, no finzinho de 1973, Fagner foi convidado a participar do programa de Flávio Cavalcanti, na TV Tupi. Quando Roberto chegou, houve correria, histeria. Flávio Cavalcanti, o apresentador, o levou até o camarim do "Rei", e Fagner se surpreendeu quando Roberto lhe disse: "Bicho, canta 'Mucuripe' aí pra mim". Enquanto cantava esse "clássico da canção lírica e provinciana" do Brasil, lágrimas correram do rosto de Roberto e Fagner afirmou: "Aquilo pra mim foi uma injeção de cavalo. Porque eu estava começando a carreira, tinha vinte e poucos anos. Na hora eu nem disse nada. Fiquei engasgado vendo um filme que jamais pensei que seria real". Roberto Carlos gravaria a música em seu disco de 1975.

Fagner e Belchior nunca se entenderam muito bem, e o letrista da canção nunca ficou totalmente satisfeito com a forma como Fagner reivindicava a música para si. Ao gravar uma nova versão de "Mucuripe", assinalava sua insatisfação e mostrava como a imaginara. Essa versão foi feita sob o piano de Paulo Cezar Willcox, também vibrafonista, arranjador e regente em discos antológicos como *Cigarra*, de Simone, e arranjador habilidoso nas versões brasileiras de *Hair* e *Jesus Cristo Superstar*, além de ser produtor da gravadora Odeon no fim da década de 1970. Casado com a cantora Sonia, Willcox morreria precocemente, mas a sua gravação é uma obra-prima – assim como o arranjo de Fagner em *Manera frufru manera*, de 1973.

Em 1982, o disco *Paraíso* chegava menos solene, mais otimista. Na capa, dentro de uma espécie de bandeira brasileira estilizada, Belchior sorri calmamente. "Qualquer beleza é inventar o que ainda não há." O título desse álbum, ainda numa grande gravadora, a Warner, daria nome à primeira investida empresarial de Belchior, que criaria no ano seguinte o selo Paraíso Discos, para lançar artistas em que acreditava e a si mesmo. Belchior sempre quis se arriscar em uma aventura empreendedora. Foi num churrasco em São Paulo, do qual participavam Jorge Benjor, Moraes Moreira e outros astros, que ele se aproximou do amigo Jorge Mello, músico e advogado. "Verdade que você abriu uma empresa? Jorginho, tenho a maior vontade de abrir uma empresa também, como se faz isso? Eu tenho um problema, eu não sei cuidar. Queria criar uma pequena gravadora, uma que gravasse e editasse minha obra." Jorge Mello coçou a cabeça, pensou. Não viu alternativa a não ser propor uma sociedade. "Quanto você precisa?", perguntou Belchior. Acertaram meio a meio, alugaram três salas em um conjunto comercial na avenida Brigadeiro Luís Antônio. Foi ali que lançaram *Paraíso,* um sucesso alternativo – vendeu 77 mil cópias. Elis Regina, no seu auge, vendia 30 mil discos.

Há nesse disco uma canção que se destaca das demais, por estabelecer um diálogo geracional diferente, novo e desafiador: "Quero que tudo mais vá para o céu". De Belchior e Jorge Mautner, outro bardo solitário da MPB, essa canção dialogava com um sucesso sessentista de Roberto Carlos, "Quero que vá tudo pro inferno". Alguns versos são reiterativos da canção de Roberto, como "De que vale a minha boa vida de playboy", e outros são uma negação do discurso do "Rei" da canção popular brasileira, como "e que tudo o mais vá para o céu".

E à noite eu entro no CinemaScope
Tecnicolor, World Vision, daqueles de cowboy
De que vale a minha boa vida de playboy?
E eu compro este ópio barato
Por duas gâmbias, pouco mais
Mas como dói... Eu entro num estádio e a solidão me rói
E eu quero mandar para o alto
O que eles pensam em mandar para o beleléu
E que tudo mais vá para o céu.

Paraíso marca uma inflexão ainda maior de Belchior na direção de clarear o problema da identidade nacional e é marcadamente anticomercial. Uma das canções mais refinadas do álbum, "Monólogo das grandezas do Brasil", abre com uma digressão de teclados que lembra Phil Collins e o Genesis, mas daí evolui subitamente para um Guilherme Arantes explícito.

O título da canção remete ao livro *Diálogos das grandezas do Brasil*, obra do século XVII de um cristão-novo chamado Ambrósio Fernandes Brandão, que foi dono de engenhos em Pernambuco e na Paraíba. É atribuído ao autor, mesmo sendo um senhor de engenho, um germe de preocupação humanista que questiona a miséria e a condição subumana de índios e escravos naquele Brasil. Ambrósio Fernandes Brandão foi acusado da prática de judaísmo, mas não há registro de que tenha sido processado pela Inquisição. "A lua branca, um cristão andando a pé", diz Belchior em sua letra. O manuscrito de *Diálogos das grandezas do Brasil* foi achado na Biblioteca de Leiden, na Holanda. Em 1930, ganhou uma edição da Academia Brasileira de Letras, com introdução de Capistrano de Abreu e notas de Rodolfo Garcia. Belchior, como Caetano faria com Joaquim Nabuco anos depois, decantava as revisões históricas do Brasil arcaico para usar como combustível de sua poesia.

A Paraíso Discos empolgou Belchior. Contratou funcionários, montou uma equipe de divulgação. Assumiu um lado empresário, atraiu os amigos artistas com ofertas de gravação vantajosas. Em sua trajetória, gravou mais de cem álbuns: Bené Fontelles, Gracco, pessoal do Ceará, Antonio Brasileiro, Aguillar e a Banda Performática, Gil e Gismonti. Mas o próprio disco de Belchior não tocava em lugar nenhum, e o motivo só descobririam mais tarde: não tinham estratégia de "jabá" (a propina de aliciamento das rádios). Só as grandes gravadoras tinham o esquema muito arraigado. Não queriam concorrência.

Belchior não abriu mão de seu sonho independente. Em 1995, ofereceram-lhe um estúdio de gravação em Santo André. Ele foi visitar o local e voltou entusiasmado. "A mesa de gravação pertenceu ao Bon Jovi!", dizia. "Não valia nada, era ferro-velho. Todo moleque já tinha um Pro-Tools em casa", resmungou Jorge Mello, que desaconselhava o negócio. Mas Belchior não ouviu o amigo e conselheiro: comprou assim mesmo o estúdio Camerati, o que causou a separação comercial do velho parceiro. Mello ficou com os fonogramas, foi-se embora. Belchior estava comprando a mística: pelo Camerati tinham passado artistas como o baterista Billy Cobham, um dos músicos que tocou no antológico disco *Bitches Brew* de Miles Davis, e o bluesman paulistano Edvaldo Santana, que gravara ali o seu álbum de estreia, *Lobo solitário*. Além da sala de gravação, o Camerati também possuía um amplo auditório para shows. "Esticávamos um multicabo da mesa de gravação até o palco. Fizemos isso diversas vezes. Essas fitas ainda existem, mas não sei do paradeiro", lembrou Celso Zappa, que promoveu eventos no local no final dos anos 1990, na época em que o estúdio era gerido por Belchior. O estúdio durou até 2003.

A atitude artística de Belchior sempre pareceu ser a de abraçar o novo, não importava a forma ou o invólucro. Em novembro de 1980, Arrigo Barnabé gravou um disco revolucionário, *Clara Crocodilo*, uma ópera rock de sonoridade dodecafônica que rompia padrões, questionava, e que foi muito rejeitado em sua época. Em entrevista ao livro *Faróis no caos*, de Ademir Assunção, Arrigo lembrou da recepção em seu tempo: "No começo ninguém entendia nada do que eu estava fazendo. Nem os músicos, nem os compositores. Passei por períodos muito difíceis. Lembro que quando Caetano ouviu meu disco pela primeira vez, comentou que era uma coisa de São Paulo, meio baixo-astral. O Hermeto Pascoal falou que o que eu estava fazendo ele já tinha feito havia muito tempo. Poxa, são pessoas que você admira e num primeiro momento falam isso. Depois não, o Caetano adorou, o Hermeto também. Mas num primeiro momento até essas pessoas não entenderam, estranharam. Foi esquisito no começo. Sabe quem entendeu logo de cara? O Belchior. Gozado, né?".

Com um faro apurado para o novo e preconceito zero, Belchior entrava nos anos 1980 ainda afirmando seu artesanato, agora em meio a outro fenômeno de massas: o novo rock nacional. Cazuza e o Barão Vermelho, Paralamas do Sucesso, Lobão e outros astros começavam a ocupar as rádios e as paradas, e o clássico bardo da MPB tinha de fazer frente a isso. O desespero incorporado por Renato Russo parecia ultrapassar em urgência a doce rebelião de Belchior, era um dado de um tempo novo, o rock rústico da nova leva da música brasileira encontrava eco imediato na juventude de seu tempo.

A tentativa de criar um processo de independência dos meios de produção foi mal-sucedida, e só lhe restou ironizar a nova circunstância em que se encontrava da maneira que sabia: com uma nova canção (até hoje inédita), feita em parceria com Jorge Mello. O nome, segundo lembra Jorge, já continha em si uma pitada de sarcasmo: "Rock prolixo" (que também pode ser lido como "Rock pro lixo").

Um roquezinho sem-vergonha
Um papo pra inglês ver
Um sapo pra engolir
Um roquezinho bem moderno
Hino de colégio interno
Conversa pra boi dormir
Um rock com toque de rádio
Para incendiar o estádio
Para o sistema cair (de boca)
Um rock pra ganhar dinheiro
No mercadão brasileiro
Do Oiapoque ao Chuí
Um roquezinho sem-vergonha
A gíria geral da tribo
Que se trai ao traduzir
Um roquezinho de repente
Só um circo decadente
Já sem pão pra engolir
Um rock pra fazer sucesso
Ex-delinquente confesso
Que o pai já pode aplaudir
Um rock bem débil mental
Coisa de intelectual
Como só eu sei grunhir

Aguilar e seus amigos performáticos

Em 1981, Belchior fez amizade com o artista plástico José Roberto Aguilar, doce enfant terrible da arte paulistana que, em 1956, tinha integrado o movimento artístico-literário Kaos, ao lado de Jorge Mautner e José Agrippino de Paula. Fugitivo da Faculdade de Economia, o pintor se autoexilou em Londres em 1969 e só voltou ao país dois anos depois. Tornou-se o primeiro grande catalisador de ações multimídia da arte paulista, usando do vídeo ao spray e as instalações como suportes, buscando linguagens adjacentes, como a música, para se expressar. Fascinado pela cultura da Índia, chegou a assinar Aguilar Vigyan.

Belchior adorou Aguilar e aquela sua entourage alternativa, que passou a frequentar. O artista preconizava que o ateliê fosse um templo da busca interior, e relacionava-se com intelectuais de todos os quadrantes. Belchior acabou produzindo o primeiro disco de Aguilar e a Banda Performática, novo esforço do artista plástico em um ramo pop. O rapaz latino-americano sem dinheiro no banco e sem parentes importantes, que continuava dedilhando um violão rudimentar, tinha aprendido os truques de produção do estúdio e chegou a brigar com um músico da banda de Aguilar por insistir que o rapaz mudasse sua abordagem musical.

Belchior então conheceu novos parceiros, como Arnaldo Antunes com quem compôs "Ma" e "Estranheleza" do disco *Paraíso* de 1982, e intensificou a produção de artes visuais. "Era um figurativo forte e místico. Eu tinha um ateliê frequentado, na época, a Casa Azul, e acabou se criando ali uma grande amizade", lembra Aguilar. Adepto radical da macrobiótica desde 1975 ("apesar da vontade constante de comer carne com pirão de leite") e praticante de ioga, Belchior tinha hábitos rígidos. Costumava sair para jantar com os amigos levando um fogareiro portátil a tiracolo – pedia para ir à cozinha do restaurante preparar a própria comida.

Sempre discreto e silencioso, continuou palmilhando as ruas de São Paulo muito tempo depois da fama. De vez em quando, surpreendia velhos fãs. O poeta Ademir Assunção conta que, certa vez, estava numa padaria no centro, nos anos 1990, quando encasquetou que conhecia um sujeito no balcão. "Eu já tinha tomado umas canjibrinas. Eu estava numa ponta do balcão, ele estava na outra, com seu bigodão. Fiquei olhando e achando familiar. Quando ele já estava pagando a conta, cheguei perto e falei: 'Acho que te conheço de algum lugar'. Ele riu e disse: 'Pode ser'. Perguntei: 'Qual o seu nome?'. Ele respondeu, sorrindo: 'Belchior'. Eu apenas balbuciei 'ah' e voltei para o meu lugar no balcão."

O disco *Paraíso* desarmava Belchior de toda pretensão. Estava leve, sintoma do artista que se sentia prestes a dar um salto de independência. Também se sentia liberado para abordar de forma mais popular temas que nunca tinha explicado direito. Falando ao programa *Vox Populi*, em 1983, Belchior afirmou que sua estratégia de citações, surgida desde a primeira hora de sua carreira, não era uma atitude de desrespeito aos compositores que mencionava, mas uma reiteração e um ato complementar. Algo que "recicla a arte anterior, põe em xeque aquilo que já está feito", uma citação em outro contexto. Para Belchior, sua intertextualidade era "igualmente sincera".

No jogo pré-concreto de "Brasileiramente linda", uma espécie de antidiálogo com a celebração da mulher do samba rock, há uma afirmação de orgulho feminista raras vezes conseguida em uma canção: "Mulher brasileiramente linda/ Linda mente brasileira".

Cenas do próximo capítulo, de 1984, abre com Raul Seixas ("Ouro de tolo") e fecha com Luiz Gonzaga ("Forró no escuro"). Foi um ano de combate para Belchior, que resolveu participar ativamente dos destinos do país. O artista, às próprias custas, engajou-se vigorosamente na campanha das Diretas Já. Esteve no histórico palco da praça da Sé, foi a João Pessoa, São José do Rio Preto, Curitiba, Londrina, Maringá. Na Candelária, no crepúsculo do dia 10 de abril de 1984, diante de 1 milhão de pessoas, ele fez a multidão vibrar emocionada quando cantou, à capela, o começo da canção "Comentário a respeito de John" ("Saia do meu caminho, eu prefiro andar sozinho").

No mercado, já não vivia seu momento discográfico mais brilhante: vendia pouco, se comparado a sucessos anteriores. Continuava forçando seus próprios limites, entretanto. O novo disco era uma gangorra de experiências novas. "Rock romance de um robô goliardo" era um rap visionário. "Entre no barco eletrônico das emoções baratas", conclamava, sob uma base de teclado e batida eletrônica. Estava muito adiantado em relação ao movimento musical brasileiro: aceita-se que o primeiro álbum exclusivo de rap brasileiro foi *Hip-hop cultura de rua*, lançado em 1988 pela gravadora Eldorado, com produção dos roqueiros Nasi e André Jung, do Ira!, e que reunia os rappers Thaíde, DJ Hum, MC Jack e Código 13. Como os jovens que emergiam das periferias de São Paulo, Belchior também usava bases e flertava com a montagem eletrônica.

Em 1986, Belchior recrutou aquela que seria a sua banda mais longeva, a Radar, que o acompanhou durante mais de dez anos e gravou dez discos com ele. Somente entre 1986 e 1993, foram mais de mil shows. As apresentações com o grupo continuaram até 2000. Chegaram a bater um recorde difícil de ser superado mesmo nos dias de hoje: fizeram 35 shows em um só mês. Belchior é descrito pelos ex-companheiros de estrada como um sujeito bacana no convívio diário, alegre, divertido, tranquilo e sereno, mesmo nos momentos mais adversos. Tinha uma ingenuidade que não o vexava, pelo contrário. Uma vez, numa parada de estrada entre Recife e Caruaru, uns ambulantes levaram o compositor no bico com o famoso golpe da bolinha debaixo de três copos. É um truque muito antigo, a bolinha não está em nenhum dos três copos, mas o manipulador faz o "freguês" pensar que está. Todos da banda sabiam que era armação, mas Belchior aceitou o desafio. Perdeu um bom dinheiro na brincadeira. Quando já estavam no ônibus, na estrada, eles contaram a Bel que ele tinha sido passado para trás e ele caiu na gargalhada. "Não percebi, não percebi, não percebi...", dizia, rindo.

Em duas ocasiões, Belchior passou com sua banda por Guaramiranga, onde se apresentou. Fez questão, nas duas vezes, de levar os colegas do grupo até o mosteiro onde tinha sido capuchinho, de mostrar o quarto onde dormia, os balcões onde cantava cantos gregorianos e de lhes descrever a rotina daqueles dias de frade.

Em 2013, a Banda Radar se reuniu para uma homenagem ao antigo parceiro. Todos os músicos contaram a jornais e revistas que nunca mais tinham tido contato com Belchior. "Torcemos para que o Belchior goste da homenagem e, quem sabe, apareça em algum dos nossos shows", disse o guitarrista Sérgio Zurawski, que, em um dos seus discos solo, o CD instrumental *Pulsares*, de 2000, colocou na arte gráfica da capa a reprodução de um quadro do ex-patrão Belchior.

Zurawski viveu algum tempo, após o período com Belchior, em Portugal. Lá, tocou com o grupo Madredeus e com o Couple Coffee. Em 2007, Belchior ligou para o músico em Lisboa e o convidou para tocar com ele num festival de jazz em Ancara, na Turquia. "Fizemos o show e desde então não nos falamos mais. Estava tudo normal com ele, era o velho e bom Belchior de sempre", recorda. "Quando surgiram notícias sobre o desaparecimento, nenhum de nós estava próximo a ele. Nem percebemos nada."

Antes de tocar com Belchior, o grupo acompanhava ninguém menos que Raul Seixas. "Em 1986 a gente se separou do Raul, e o Belchior, que tinha visto a gente tocando com ele várias vezes, nos convidou para ser sua banda de apoio", diz Zurawski. Durante o período, nem sombra do cantor que abandonou empresários e amigos sem deixar vestígios e largou os palcos. "Fazíamos uma média de vinte shows por mês e chegávamos a ficar fora até três meses, sem pisar em casa. O Belchior tinha um perfil totalmente nômade. Adorava a estrada, quanto mais melhor. Há músicos que não suportam essa vida e têm sua estabilidade emocional abalada quando fora de casa. Mas nós não, aquela era a vida que a gente tinha pedido a Deus. E o Bel era um excelente companheiro, sempre com bom astral e bom humor. Muito culto, era sempre um ótimo papo. Não faltava tempo para isso, aliás", recorda Mourão.

Nunca houve rivalidade entre Belchior e Raul. Tanto que um dos números mais festejados do show de Belchior era justamente quando ele cantava "Ouro de tolo". Belchior, na época, levantava um bom dinheiro, tinha um esquema meio amador, mas organizado. Tocavam nos maiores teatros das capitais e também nos mais modestos lugares, no meio da floresta Amazônica. Era um patrão justo: os músicos ganhavam o valor fixado pela tabela da Ordem dos Músicos do Brasil, o que não era assim tão comum na época, mesmo com artistas que tinham cachês mais altos. Os cachês eram reajustados tendo o dólar como referência, para preservá-los da voracidade da inflação. Não era um instrumentista virtuoso e nunca alimentou essa pretensão. Compensava a falta de destreza com o significado profundo de suas canções e suas interpretações, além de carisma.

O show na Turquia, em 2007, foi num teatro lotado de turcos e os únicos brasileiros presentes eram dois membros do corpo consular brasileiro em Ancara, O público, mesmo sem entender nada de português, rendeu-se ao carisma de Belchior e terminou adorando tudo. "E veja que interessante, o Bel nem é o perfil de músico brasileiro que os estrangeiros costumam esperar, como Gil, Benjor, Lenine, Djavan e tantos outros que fazem sucesso fora do Brasil", ponderou Zurawski.

As principais qualidades de Belchior em estúdio eram a disciplina e o desempenho. Entendia a parte técnica com muita rapidez, coisas como as sequências e partes do arranjo, e gravava as vozes rapidamente. Raras vezes tinha que repetir uma gravação por desafinação ou outra falha; era certeiro. E acatava ideias e sugestões sem crises de ego, deixando espaço para que os músicos se destacassem. Nas viagens, Belchior passava o tempo lendo, desenhando ou escrevendo letras, poesias, traduções. Tinha um caderno onde escrevia com uma letra incrivelmente caprichada, digna de um mestre de caligrafia, mas escrevia também em qualquer papel que estivesse ao alcance, principalmente guardanapos. Costumava tocar violão nos quartos de hotel, compondo onde fosse possível. Também praticava algumas posições de ioga e nunca abria mão de um bom vinho, além de fumar charuto ou cachimbo com frequência.

Estudante de violão clássico desde os quinze anos, Sérgio Zurawski tinha tocado com Rosa Maria, Claudio di Moro e outros. Era um fã de David Gilmour, do Pink Floyd, de Luiz Carlini e da banda Tutti Frutti, de Rita Lee. Conhecera Belchior em 1985, ainda guitarrista da banda de Raul Seixas. "Sempre vou me lembrar da sorridente figura dele entrando no camarim e vindo cumprimentar os músicos, dizendo que tinha adorado o show e a banda." Não demorou e a banda largou Raul Seixas. Belchior os convidou em seguida. Foram Zurawski, o baixista João Mourão, o tecladista Olmair Raposo e o baterista Monsieur Parron. Mais um tempo e o irmão de Sérgio, Lé Zurawski (sax e flauta), também entrou na Radar.

O ano de 1987 estava sendo uma dureza. O Plano Cruzado de Sarney já fazia água, mais um pacote frustrado, a inflação voltara, havia quebra-quebras por conta dos aumentos nas tarifas de ônibus. Também houve o assombroso acidente com material radioativo em Goiânia, a contaminação de uma comunidade com o pozinho brilhante e mortal do césio-137, que vitimou uma centena de pessoas. O disco que Belchior lançaria naquele ano, *Melodrama*, parecia readquirir uma urgência de denúncia de ativismo intelectual. "É a retomada de uma emoção temática. Na década passada, a gente tendia mais para o êxtase, agora se inclina mais para o horror", disse o cantor, em alusão à continuidade entre esse disco e *Alucinação*, de 1976. Ele estava mais sarcástico, também um pouco atento às contradições de sua própria nova condição burguesa. A letra de "Dandy" é um espelho debochado dessa contradição: "Mamãe, quando eu crescer/eu quero ser rebelde/se conseguir licença/do meu broto e do patrão/Um Gandhi Dandy, um grande/milionário socialista/de carrão chego mais rápido à revolução".

"Hoje eu não toco por música/Hoje eu toco por dinheiro, na emoção democrática de quem canta no chuveiro", segue Belchior, em "Tocando por música", reggae do mesmo álbum. "A minh'alma esteve à venda, como as outras do lugar. Só que ninguém me comprou. Pois só eu quis me pagar." *Melodrama* o trazia de volta a um esquema modesto, sem produções mirabolantes. Ele burilava as canções em sua pequena gaita no bairro do Campo Belo. Passava os dias brincando com a gaita, estudando os arranjos, fazendo a ourivesaria das melodias. O show do disco estreou no Teatro Pixinguinha, sem cenários, iluminação econômica, tudo simples. Antes da estreia, fez 52 shows em dois meses para testar as canções.

O disco abria com um novo manifesto belchioriano, "De primeira grandeza", na qual cantava: "Anjo, herói, Prometeu, poeta e dançarino/A glória feminina existe e não se fez em vão/ E se destina à vida, ao gozo, a mais do que imagina o louco que pensou a vida sem paixão". É nesse disco que Belchior, pela primeira vez, nega a cristandade arraigada que forjou sua primeira vida intelectual, num mosteiro capuchinho: "O velho blues me diz que, ateu como eu, devo manter os modos e o estilo. Réu confesso, eles vão para a glória sem passar pela cama". Em torno de gêneros como salsa ("Bucaneira"), reggaes ("Extra cool" e "Tocando por música") e blues ("Jornal blues"), Belchior parecia um Moisés negando a visão do deserto. "Ou Jesus não me ama ou não entendo nada do riscado", diz um verso.

O reggae tem presença forte nesse disco. Em agosto de 1991, ele foi tocar em São Luís do Maranhão, como fazia a cada novo disco. Quando soube que o jamaicano Gregory Isaacs, um dos papas do reggae, estava no mesmo hotel, armou um encontro. Isaacs endoidara em São Luís e, em vez de uma temporada de um fim de semana cantando no Estádio Municipal Nhozinho Santos, acabou ficando 22 dias na capital maranhense. Cantou com o apoio de uma banda local (a sua não conseguiu embarcar para o Brasil), um grupo de rapazes maranhenses, a Tribo de Jah. Ele recebeu Belchior efusivamente, mas o que conversaram ninguém sabe.

A língua inglesa estava sendo objeto de experiências do cantor nesse período. No mesmo ano, 1991, saiu pela Paraíso o disco *Cancioneiro geral* (o título é uma referência à coletânea de poesia palaciana reunida pelo poeta e arquiteto português Garcia de Resende em 1516), no qual Belchior experimenta cantar em inglês em duas faixas. "Lord Byron blues" foi composta por ele, Michael Kelly e Leo Robinson e tem o próprio Robinson apoiando nos vocais. Já "A juicy kiss" é uma versão para o inglês de "Beijo molhado", do disco *Cenas do próximo capítulo*, também vertida para o inglês por Kelly e Robinson.

Leo Robinson é um norte-americano do Arkansas que vive no Brasil há mais de trinta anos, ganhando a vida como *bluesman*.

Ele tinha sido vizinho de Jimi Hendrix, com quem formou um grupo de garotos, o Rock Teens. Aqui no Brasil, adotou o codinome, após essa experiência com Belchior, de J.J. Jackson. "Ganhei um bom dinheiro com Belchior", ele lembra. "Lord Byron blues" é uma preciosidade dessa parceria: "Byron escreveu: 'O homem, sendo razoável, deve se embebedar/deixe-nos desfrutar do vinho e das mulheres/o melhor da vida é a intoxicação'".

Belchior sempre teve uma visão clara de sua inserção geracional. Dizia que a sua geração nunca teve um reconhecimento crítico. "Teve que atravessar um campo de batalha, um espaço de guerra de comunicação, a 'guerra civil brasileira'. A geração de Chico e Caetano tinha um inimigo posto à vista. O embate se tornou artisticamente interessante a ponto de se considerar que eles foram militantes. Nós vivemos a distensão, que foi mais pálida."

Naquela década, quando já era famoso no Brasil e no exterior, ele começou a apadrinhar todos os jovens artistas que podia. Dava conselhos, liberava músicas para regravações sem reclamar copyright, pagava vinho e dava apoio financeiro. O músico cearense Calé Fonseca lembra de uma vez que foi até Santa Catarina, acompanhado do colega Amaro Pena, também músico, para defender composições num festival, naquele ano de 1984.

Chegaram a Blumenau de tardinha. Cantariam na mesma noite. Foram direto para o Ginásio Proerb, onde se apresentariam. "Eu havia classificado três canções, Peninha iria defender 'Caminho do sol', depois gravada por Amelinha, dele e de Luiz Sérgio. Ao entrarmos no ginásio nos deparamos com uma imensa faixa anunciando o show do Belchior para a finalíssima, dali a dois dias", lembra Fonseca. Belchior chegaria no dia seguinte. Calé e Peninha, então iniciantes, foram visitá-lo no hotel, onde o encontraram acompanhado de seus músicos e do produtor Hélio Rodrigues. Belchior largou o que estava fazendo e abraçou os colegas. Saíram pela noite de Blumenau na companhia de Roberto Saut, produtor do festival, tomando vinho e virando plateia em um show de Renato Borghetti. "Ele nos tratava como amigos de infância. Em nenhum momento usufruiu da condição de grande estrela da música brasileira. Muito pelo contrário, era professor pra cá, professor pra lá e nunca mais nos tratamos de outra forma. Noite adentro contou causos engraçadíssimos de sua caminhada em Sobral e Fortaleza, dos tempos de professor de cursinho, lembrava cenas de filmes e as contava com humor refinado."

Já no disco seguinte, *Elogio da loucura*, de 1988, Belchior emprestava ao título o nome do livro homônimo, de 1509, escrito por Erasmo de Roterdã, teólogo humanista que defendia a liberalização das instituições cristãs. O livro de Erasmo foi dedicado a Thomas Morus e abordava o fanatismo e a opressão que estavam no seio da Igreja católica. Quem sugeriu o título a Belchior foi o compositor Graccho Braz Peixoto, seu amigo, numa noite em que conversavam no ateliê no Campo Belo, em São Paulo, enquanto Belchior fazia um yakisoba para o jantar. No LP, que só teria uma edição em CD em 2016, Belchior deixava mais uma pista profética de sua disposição futura para os caçadores de simbolismos. Está em "Arte final", na qual ele assinala: "Ora, senhoras! Ora, senhores!/Uma boa noite lustrada de neon pra vocês/E o último a sair apague a luz do aeroporto/E ainda que mal me pergunte: 'A saída será mesmo o aeroporto?'".

Dali em diante, os discos inéditos ficariam raros. Belchior só voltaria a eles com *Bahiuno*, em 1993. Naquele mesmo ano, pela Movieplay, sairia um álbum que é muito pouco conhecido: *Belchior & Larbanois-Carrero*, com participação especial da cantora Laura Canoura, que canta "Como nuestros padres". Lançada em CD pelo selo Eldorado, a primeira "Conexão Uruguaia" contém catorze canções de Belchior, sete em espanhol e sete em português com o próprio. O duo uruguaio

Larbanois-Carrero já tinha, àquela altura, quase vinte anos de atuação, e dividido o palco com Pablo Milanés, Juan Manuel Serrat, Paco Ibáñez, entre outros. Eles e Belchior compuseram duas canções para o disco, "La vida es sueño", de Belchior e Larbanois, e "1992 (Quinhentos años de quê?)", assinada pelos três. A faceta de militância latinista de Belchior se apresenta com força e esplendor nesse álbum. "Eram só três caravelas / valeram mais que um mar / Quanto aos índios que mataram / Ah! Ninguém pôde contar", cantam os parceiros de Belchior, para arrematarem, no refrão: "Há motivos para festa? / Quinhentos anos de quê?".

O disco não foi um êxito, mas pavimentou a pretensão hispânica de Belchior, que cuidou diligentemente de cada versão de suas canções, que viraram "Gallos, noches y quintales", "Donde está mi corazón", "A la hora del almuerzo" e "No lleve flores". Sua execução é um elogio da condição latino-americana, além de um tributo aos expoentes dessa militância, como Vitor Jara, Mercedes Sosa, Atahualpa Yupanqui e Violeta Parra. Curiosamente, as sete versões que Belchior grava para o disco não têm conexão evidente com a temática musical. Ele não fez uma escolha didática. "Ouro de tolo" e "Beijo molhado" são da tradição roqueira, "Tudo outra vez" e "Comentário a respeito de John" são baladas universais.

A partir dali, Belchior passaria a se dedicar a releituras e regravações de seus clássicos e versões de sucessos de outros artistas, como fez em *Vício elegante*. Enfatizava como nunca seu próprio lado de intérprete, coisa a que ele não parecia disposto alguns anos antes, quando lançara *Todos os sentidos*. Na ocasião, um repórter lhe perguntou se ele gravaria Roberto Carlos. Ao que ele respondeu: "Eu me sinto bem cantando as minhas músicas. Eu tenho um problema sério em cantar músicas de outras pessoas, pois as minhas músicas são feitas para a minha voz, para o meu disco. Eu não sou intérprete que possa dispor de um material e tratá-lo criativamente no plano da interpretação. O fato do Roberto ter gravado uma música nossa ('Mucuripe'), com o critério que ele tem de escolha para o seu trabalho, é tranquilíssimo."

Em 1987, após ter lançado o disco *Cenas do próximo capítulo* pelo próprio selo, Paraíso Discos, Belchior se rendia novamente ao chamado "mercado", desiludido com o primeiro período de tentativa de independência de meios. Ainda assim, ele não dispensava ao mercado a reverência que alguns colegas lhe dedicavam – tinha prestígio suficiente para fazer shows para 300 mil pessoas por ano. "Sempre estive fora do fluxo, minha música é incompetente para esse tipo de exigência, no mercado de hoje", diria à *Folha de S.Paulo* em 1999, analisando o vaivém do mercado. "Houve uma flutuação grande do gosto do público. Até mais ou menos 1985 estava tudo normal. Aí vieram a geração rock, a explosão do interior, com a música sertaneja, a implantação da sociedade de consumo. A música de divertimento se sobrepôs a outros efeitos artísticos. Programas musicais desapareceram, foram trocados por eventos. O próprio surgimento da minha geração demorou demais. Chico Buarque e Sidney Miller foram unanimidade aos vinte e poucos anos. A geração tropicalista estava num contexto intelectualizado, em que o uso da mídia funcionou como elemento de linguagem", afirmava. "Mas a minha foi a última geração, até agora, que ainda pôde modular esse negócio de ídolo. Depois, são os sujeitos que venderam 3 milhões de discos, foram superídolos por 75 minutos de fama e não conseguiram firmar suas carreiras: Paulo Ricardo, Ritchie."

Não era comum Belchior comentar as carreiras de colegas de forma mais contundente, essa declaração é rara. O fato é que a música de Belchior demanda atenção para que se complete. Não é o tipo de música que se possa ouvir e ao mesmo tempo fazer outra coisa na casa. Ela tem um peso e uma dimensão de reflexão – quase sempre. As palavras expressam reflexões que o ouvinte precisa preencher com algum grau de entendimento. Mas, mesmo quando falava dos colegas, nunca parecia soberbo, e sim preocupado com a diluição. Não era inimigo do novo, nunca foi. "As novas gerações estão indiscutivelmente presas a material que não é musical, é afim ao musical", teorizou. Belchior recusava-se a viver dos juros e dividendos de sua celebridade, buscava o embate incessantemente.

Ele ironizava até mesmo o momento em que Elis Regina o descobriu. Poucos anos antes, ela militara contra a guitarra elétrica, contra o tropicalismo. "Esse momento da Elis é igual ao de Gil indo à passeata contra a guitarra elétrica. Fui chamado de roqueiro, e foi a primeira vez que ela usou pitadas de rock", ele analisou. "É um problema típico de paternidade. A matriz do meu trabalho é a Tropicália. Usei a mesma linguagem, com a vantagem a meu favor de que havia visto, do Ceará, Caetano dizendo na tevê que a Tropicália estava morta, em 68."

Ele não admitia, entretanto, que se pudesse comparar ousadias artísticas entre momentos musicais diferentes, como, por exemplo, a produção do pessoal do Ceará e a tropicalista. "Aqueles textos eram tão artisticamente competitivos quanto os da Tropicália. Musicalmente, talvez a intenção fosse grandiosa, mas o muro em que a bolinha ia bater era mais baixo", afirmou. "Mas vou dizer que, sobre essas gerações, ao menos, é possível sustentar um diálogo que não precise falar só de marketing, de imagem."

Sua análise não era excludente. "As Frenéticas fizeram sucesso com uma música do Gonzaguinha, 'O preto que satisfaz'. Elas cantam num disco meu, em latim. A imprensa me criticou achando que eu queria fazer sucesso com uma música em latim, mas é claro que não era isso. Elas não sabiam o que estavam cantando."

Vício elegante

Belchior chegou até o bar da avenida Beira Mar já um pouco tarde, onze da noite, naquela noite de setembro de 1990. As mulheres assanharam-se. Uma japonesa paulista lhe pediu um autógrafo, uma mulata deixou seu perfume no colarinho dele, uma loira miúda lhe sorriu significativamente a caminho da toalete. Mas houve uma garota, de uns vinte anos, que não lhe deu a mínima atenção, embora as amigas de sua mesa tivessem se dependurado nele. A estudante de psicologia Vilédia Bezerra de Souza não o achou exatamente atraente, e aquilo desafiou Bel.

Ele se aproximou e começou a conversar. Falaram de ideogramas, cultura chinesa, desenhos simbólicos. Ficaram mais próximos, ele pediu o telefone da moça. Não parecia promissor, Vilédia continuava sem entusiasmo. Seis meses depois, Belchior ligou. Em março de 1991, ele voltou a Fortaleza, dessa vez para trabalhar. Estava em turnê. Saíram. Ele foi mais incisivo, começaram a namorar. Belchior lhe contou que tinha saído da casa da mulher, Angela, e estava morando no escritório. Estava com dificuldades para conseguir o divórcio, afirmava.

Fortaleza inteira ficou sabendo que Belchior estava com uma "estudante de psicologia". Vilédia ficou um pouco chateada, ouvia muita conversa em volta, mas como estava apaixonada, engoliu as maledicências. Juntos, frequentavam restaurantes japoneses, como o Mikado, o Cais Bar, o Estoril. Ela passou a ajudá-lo nas turnês, fazia pequenas enquetes entre o público para aprimorar algum número musical. "Ele não estava compondo naquela época, então a gente trabalhava para melhorar as apresentações", contou Vilédia.

Em 1996, Belchior ficou acabrunhado com algumas resenhas de jornais e revistas, que diziam que ele estava repetitivo nos shows. Vilédia o convenceu a apostar na veia de intérprete. "Sabe, Bel, tem artistas que cantam músicas de outros artistas. Por que você não faz um disco assim?", ela lhe disse. Belchior gravou então o disco *Vício elegante*, no qual quase todas as canções foram escolhidas ou tiveram a aprovação dela. A única composição inédita do álbum, a que dá título ao disco (dele e de Ricardo Bacelar), foi composta para ela:

> *Ligo o rádio contra o tédio*
> *Que vício elegante!*
> *Em gozo em paz teu assédio*
> *Numa onda de amante!*
> *O viver é de improviso*
> *Faz sua própria lei...*
> *Mas navegar é preciso:*
> *Vou mandar-te um* lay-lady-lay
> *Tão pós-moderna a eterna paixão.*

Vício elegante reunia composições de Adriana Calcanhoto ("Esquadros"), Zé Ramalho ("Táxi Boy"), Chico Buarque ("Almanaque"), Djavan ("Aliás"), e até pérolas do brega, como "Aparências", de Cury Heluy e Ed Wilson, sucesso de Marcio Greyck. Segundo Ricardo Bacelar, parceiro na composição "Vício Elegante", a ideia do projeto de gravar canções de outros compositores tinha sido, na verdade, do produtor Guti Carvalho (Augusto César Nogueira de Carvalho), então diretor artístico da Warner. Guti produziu diversos discos de Belchior. Ele e Ricardo Bacelar fizeram muitas experimentações em estúdio para chegar ao repertório. Bacelar fez os arranjos, a direção musical e tocou teclados no álbum. "'Vício Elegante' não foi composta para ninguém em especial. Fizemos essa música no estúdio, para colocar algo inédito", contou Bacelar. Em Fortaleza, no mundo das fofocas, sempre que falavam a respeito de Vilédia Bezerra de Souza, era para retratar alguém que se beneficiou de alguma forma de Belchior. Mas os amigos de ambos lembram dela como uma garota prestativa, que ajudava Belchior, além de lhe fornecer cama, mesa e banho em seu apartamento no bucólico Parque do Cocó. Ela foi a mulher de Bel durante onze anos, de 1990 até 2001. A casa dela era dele. Ali, Belchior pintava ideogramas, tinha sua caixa de tintas e pincéis e outros pertences pessoais. Passava o dia na casa da mãe e à noite chegava para o tatame de Vilédia, que ele chamava de seu jardim japonês. Ela fazia sessões de hipnose com ele (era também terapeuta holística e praticante de hipnose). Hoje, Vilédia usa o codinome Yang Li.

"Um caso não dura onze anos. Nós só não casamos porque ela não quis dar o divórcio", lembra Yang Li. "Ela" era Angela, a inglesa, como se referem comumente a Angela Henman. "O que vale é o coração, o que vale é o que sente. Não fiz questão de ficar aparecendo." Em 24 de fevereiro de 1997, nasceu Vannick, filha de Vilédia e Belchior. Foi uma dupla surpresa para o cantor: quase ao mesmo tempo, veio do interior de São Paulo a notícia de que outra namorada ficara grávida de Belchior, a professora Denise Garcia, que ligava com frequência para o telefone que supunha dele em Fortaleza. Mas quem atendia era Vilédia, então o caos começou a se instalar.

A situação não era melhor na capital do Ceará: Vilédia encafifou que Belchior estava tendo outro caso, desta vez com a cantora Lúcia Menezes, que conhecia desde menina. Não era verdade, mas Vilédia não aguentou o que supunha mais uma prova de amor repartido e lhe pediu que saísse de casa. Apesar de ser um pai presente e amoroso, ao sumir, em 2007, Belchior deixou

Vannick, então com dez anos, sem assistência. Na verdade, ele deixou tudo para trás, não apenas Vannick, e, quando parou de pagar pensão, não deixou alternativa a Vilédia senão entrar na Justiça. Fez teste de DNA, para garantir sua postulação judicial, e ganhou. Vannick tem certidão de nascimento com o nome do pai, que ela só foi rever tempos depois no *Fantástico*, acossado por uma equipe de reportagem no Uruguai.

Denise Garcia passou apenas uma noite com Belchior após um show. Era uma fã dedicada que ia vê-lo sempre que ele passava pelo interior. Foram descuidados, ambos, e ela ficou grávida após uma única noite de amor. Belchior assumiu a menina, a registrou, pagava pensão, mas não ia vê-la e também não acompanhava seu desenvolvimento. Denise, fragilizada pela situação, acabou virando presa fácil de programas sensacionalistas de tevê quando a filha adolescente foi detida com oito pedras de crack em 2010.

Angela Henman contesta a ideia de que Belchior tenha resistido a um pedido de divórcio. Ele só contou sobre as duas filhas que tivera fora do casamento em 2007, quando convidou a família para um jantar em uma cantina perto de sua casa. O divórcio foi iniciativa de Angela, e terminou sendo consensual. O seu desaparecimento é que complicaria as coisas, com o processo arrastando-se na Justiça por algum tempo.

Dylanesco

Os dois pintam e são figurativos. Ambos veneram grandes poetas (Dylan Thomas e Rimbaud). Os dois foram considerados vozes geracionais ("Blowin' in the wind" e "Como nossos pais"). Os dois têm voz anasalada e fazem canções com versos quilométricos e escassa melodia. Dylan veio ao mundo artístico dez anos antes de Belchior. Em 1957, ele já estava na estrada. Belchior começou a sua obra após sair dos capuchinhos, em 1967. Mas a sintonia é apontada em nove de cada dez resenhas da obra do cearense. "Ei! Senhor meu rei do tamborim, do ganzá! Cante um cantar, forme um repente pra mim", diz a letra da canção "Onde jazz meu coração", de 1984 (do disco *Cenas do próximo capítulo*), e é óbvia a menção ao verso "Hey! Mr. Tambourine Man, play a song for me" ("Mr. Tambourine Man", de 1965, de Bob Dylan).

"Teve um crítico que me chamou de 'Humphrey Bogart do subúrbio', e outro que disse que eu era uma mistura de Waldik Soriano e Bob Dylan, o que até me agrada", disse Belchior em entrevista ao *Pasquim*. Muitos fãs mais ligados em simbologia também associam o sumiço de Belchior ao período de reclusão de Dylan. Foi assim: em 1966, Bob Dylan tinha 25 anos e levava uma vida frenética no show business. Em julho desse ano, rodava ao estilo *easy rider* pelos Estados Unidos quando a roda traseira de sua moto Triumph travou e o jogou no asfalto da Striebel Road, próxima à sua residência. Dylan quase morreu e o acidente mexeu com sua disposição em relação ao mundo artístico. Cancelou todas as apresentações que faria e ficou trancado em sua fazenda, desaparecendo do olhar público por um ano e meio. Fosse verdadeira essa ilação entre o comportamento de Dylan e o de Belchior, o cearense o teria superado em quase dez anos – sumiu em 2007, foi encontrado em 2017.

A referência à obra de Dylan aparece escancarada já nos primeiros discos de Belchior. Em "Velha roupa colorida", ele cita título e trecho de "Like a rolling stone", pedra de toque de Dylan com sua famosa ode ao desenraizamento. "Qual a sensação?/ Qual a sensação?/ De não ter uma casa?/ De ser um completo desconhecido?/ Como uma pedra rolante?"

Em 1978, Belchior inseriu na canção "Corpos terrestres" um flash incidental de "It's alright, ma (I'm only bleeding)", mesma canção de Dylan que seria gravada por Caetano Veloso anos depois no disco *A foreign sound*, de 2004. É um clássico de Dylan, gravada também por The Byrds, Terence Trend D'Arby e muitos outros. Em 1988, o rock "Lira dos vinte anos", de Belchior e Francisco Casaverde, menciona textualmente o nome do compositor-matriz: "Os filhos de Bob Dylan,/ Clientes da Coca-Cola;/ Os que fugimos da escola,/ Voltamos todos pra casa./ Um queria mandar brasa;/ Outro ser pedra que rola.../ Daí o Money entra em cena e arrasa/ E adeus, caras bons de bola!". Em 1996, na canção "Vício elegante", Belchior cita o clássico "Lay, lady, lay" de Bob Dylan, de 1969: "Vou mandar-te um *lay-lady-lay*/ Tão pós-moderna a eterna paixão".

A aproximação consciente de Belchior com o universo de Dylan não passa pelo pastiche, pela mimetização. Belchior procede a uma fina estilização de princípios e faz com que esse "parentesco" dylanesco se efetive não por uma forçada transfusão de sangue, mas pelo tributo e pela deferência. Rodger Rogério lembra que Belchior sempre foi admirador da obra de Dylan, mas nunca forçou uma conexão. "É um rótulo que tentam colocar, mas ele não topou." "Não me peça que eu lhe faça uma canção como se deve", verso-manifesto de Belchior, encontra ressonância em quase toda a atitude de negação de Dylan da própria mitomania ao seu redor. Isso está explícito em um diálogo de Dylan com um de seus "bobsessives" seguidores. O rapaz disse a Dylan: "Você não sabe quem eu sou, mas eu sei quem você é". Dylan respondeu: "Vamos manter a coisa desse jeito então".

Belchior foi pela primeira vez a um show de Dylan em 18 de janeiro de 1990, no Morumbi, durante o festival Hollywood Rock. Gilberto Gil, que também cantou naquela noite, convidou o amigo para levar a família ao festival. Belchior topou, e levou a mulher, Angela, e a filha, Camila. Nos bastidores, enquanto a mulher e a filha saíam do camarim de Gil para se acomodar no local dos convidados no palco, Gil puxou Belchior e disse que ia lhe apresentar um amigo. "Bob, esse é Belchior, o Bob Dylan brasileiro", disse Gil, entrando no camarim de Dylan para apresentar o cearense ao bardo de Duluth. O diálogo que se seguiu foi mais ou menos assim:

Bob Dylan: "Dylan brasileiro? É mais provável que eu seja você na América", brincou.

Belchior: "Todos somos você. Não há terra que você não tenha pisado, não há consciência que não tenha penetrado".

Dylan pareceu rir, mas seu esgar nunca foi definido como a expressão bem-acabada de um sorriso: "Quero ouvir seu álbum. Você trouxe um?".

Belchior não trouxera, essa frustração o assaltou por muitos anos devido ao que julgou displicência sua. Dylan deu de ombros e o abraçou. Depois, convidou Belchior, Gil e suas famílias para assistir ao show do *backstage*. Ao regressar, Belchior se aproximou da mulher, Angela, tremendo. "Estive com ele."

Ela: "Quem?". "Dylan. Dylan. Dylan", repetiu, sorrindo. À proximidade física, seguiu-se um paralelismo mais acentuado naquela década. Por exemplo: o primeiro álbum duplo de Belchior, *Autorretrato*, tem o artista na capa em pose vangoghiana, olhando para uma parede de retratos de si mesmo. Esse álbum remete ao segundo álbum duplo lançado por Dylan, *Self Portrait*, de 1970. *Autorretrato* foi lançado seis anos depois do último disco autoral de Belchior e é composto apenas de releituras de canções antigas, do mesmo modo que o LP de Dylan, constituído de regravações de canções folk e pop já lançadas.

Com arranjos dos músicos André Abujamra, do guitarrista Sérgio Zurawski, Ruriá Duprat e do maestro Rogério Duprat, o CD *Autorretrato* contém 25 canções do repertório de sucessos de Belchior, entre as quais "Apenas um rapaz latino-americano", "Fotografia 3x4", "Todo sujo de batom", "Medo de avião", "Paralelas", "Divina comédia humana", "Coração selvagem", "Alucinação", "Na hora do almoço", "Como nossos pais", "Mucuripe", "Galos, noites e quintais", "A palo seco", "Comentário a respeito de John" e "Velha roupa colorida".

Enquanto estrela de primeira grandeza da MPB, Belchior continuava influindo, cada vez mais, na vida artística de seu estado, o Ceará. No começo dos anos 1990, na época do disco *Autorretrato*, ele foi fazer show na tradicional festa da cidade de Barbalha, a quatrocentos quilômetros de Fortaleza, em praça aberta, uma celebração sempre muito disputada pelo público. Ele tocava em todos os festivais da terrinha, fosse no interior, como no Som das Águas, à beira do rio Jaguaribe, em Limoeiro; ou na AABB, de Fortaleza. Ali ele conheceu o cantor e compositor Eugênio Leandro Costa, de quem se tornou amigo.

Em 1998, Belchior ajudou Eugênio Leandro na produção de uma antologia de música cearense, o CD *Tempo, trabalho e cotidiano*. Eugênio, em ascensão na carreira, tinha feito uma tiragem assombrosa de um disco e vendera 6 mil cópias somente no Ceará. Estava cursando direito e sonhava seguir carreira no eixo Rio-São Paulo. Um amigo seu, Rogaciano Leite Filho, o aconselhava a se formar primeiro. Numa das conversas com Belchior, ele confidenciou que queria ir para São Paulo. Belchior apoiou, deu contatos, dicas, mas depois pediu que o jovem artista ponderasse, pensasse melhor. E arrematou: "Aqui você já é o Eugênio Leandro, enquanto lá você vai ser apenas mais uma gota d'água no oceano".

Belchior tinha um comportamento despojado em relação à sua obra. O amigo artista plástico Tota lhe dizia que ele era doido, liberava música para todos que pediam. Mas suas gravadoras e editoras não tinham o mesmo desprendimento, o que lhe causava problemas. "Quando solicitei música dele para a antologia de música do Ceará, ele foi supersolícito, mas disse logo: 'Contanto que use fonogramas das regravações, pois destas sou detentor dos direitos'. Só aí, entendi por que ele fazia tanto regravações, às vezes só de violão. Era como se ele quisesse recuperar aquilo que havia sido alienado, a obra dele." No fim, Belchior acabou cedendo duas músicas para a antologia: "No lleve flores", versão dos uruguaios Eduardo Larbanois e Mario Carrero, e sua própria regravação de "Divina comédia humana".

Não era de uma única fonte que vinha a poética de Belchior, isso é fácil de ver. À maneira de Ezra Pound e Emily Dickinson, ele cultivava um gosto refinado por aliterações, assonâncias, repetições. Encontrava isso, entretanto, mais em Cruz e Souza do que em Pound. Ou em Augusto Pontes. "Vida Vela Vento Leva-me Daqui" era o verso que Pontes tinha criado como um mote. Belchior ligava isso às novas tradições. Tinha lido e certamente se nutrido de toda a ebulitiva cena do concretismo, das traduções de Augusto de Campos. Aplicava numa atividade de suporte popular o ideal de Paul Valéry: "A poesia é o máximo de tensão entre o som e o sentido".

Mas Dylan crescia em sua imaginação de artista, Dylan e sua apropriação da geografia e da jornada como elementos da construção de uma nação. Na confluência de histórias e cidades, a arte que criava a civilização moderna como uma Arcádia imaginária – assim Belchior começava a moldar sua compreensão do mundo. "Ele tinha a consciência da importância do Bob Dylan", lembra o parceiro Graccho Braz Peixoto. "Em certa medida, nos considerávamos todos filhos de Bob Dylan, inclusive este é o verso ('Os filhos de Bob Dylan') que inicia sua parceria com Francisco Casaverde, 'Lira dos vinte anos'. Dylan legou os grandes hinos das décadas de 1960, 1970 e 1980. Foi o repórter dessas décadas."

O intervalo de dois anos compreendido entre o disco *Mote e glosa* e a cristalização do LP *Alucinação* abrigava o cerne dessa nova imaginação baseada em Dylan. "Ele queria dar a versão brasileira e nordestina dessa linguagem. Talvez seja interessante observar uma coisa. Se hoje colocamos canções como 'Velha roupa colorida', 'Como nossos pais', 'Apenas um rapaz latino-americano', 'Comentário a respeito de John', 'A palo seco', entre outras, na perspectiva do tempo, veremos que essas músicas se mantêm até hoje não só como referencial estético, mas sobretudo como portadoras de uma poética cujo peso se refaz a cada vez que é tocada", pondera Graccho.

Assim, uma música como "A palo seco", que tem sua referência principal em João Cabral de Melo Neto, tem seu discurso renovado com o mesmo impacto de antes para quem a ouve agora e quem a ouvirá à frente. Outra característica muito forte de seu trabalho crítico foi o drible nas expectativas, especialmente a fuga de uma visão estereotipada do Nordeste, aquela que se articulava "entre o folclórico gracioso e o sujeito agrário", na visão de Graccho.

Em entrevista ao jornal *Diário do Nordeste* na segunda metade da década de 2000, ao falar dos trabalhos então recentes de Dylan, objeto de ácidas críticas, Belchior avaliava o trabalho do ídolo com raro conhecimento de causa: "Eu não acho que sejam piores. Acontece que algumas músicas do Dylan viraram hinos, do ponto de vista popular, como 'Blowin' in the wind', que pode se incorporar ao cancioneiro de hinos americanos. [...] Mas gosto muito dos discos mais recentes, como o *Time out of mind* e o *love and theft*, acho que são momentos preciosos. Acontece é que agora as músicas de Dylan são absolutamente marginais, fora de foco. E agora representam, na sua estupenda grandeza, a impossibilidade de uma sociedade como essa absorver, readquirir aquele caráter revolucionário do começo. Se a gente comparar os três últimos discos dele com as coisas antigas, vai ver que os novos têm o mesmo sabor, humor, acidez. E talvez uma versatilidade musical maior. Ele continua fazendo música para os dylanmaníacos, não pro grande público. Não foi Dylan quem mudou, foi o público que piorou. Eu também me sinto assim a todo momento, em relação à minha obra e à dos companheiros".

Depois do encontro de 1990 no Morumbi, os dois, Dylan e Belchior, voltaram a ficar próximos fisicamente em março de 2008. Quem o encontrou por acaso e ficou divagando sobre as possibilidades do encontro foi o jornalista cearense Dalwton Moura, num artigo chamado "Viver é melhor que sonhar". Dylan se apresentava na antiga casa Via Funchal, em São Paulo, para 2 500 pessoas (cabiam até 5 mil na casa, sentadas). Dalwton lembra que, naquela noite, por conta do preço alto dos ingressos, havia muitas cadeiras vagas e a produção liberou o público para tomá-las e assim ficar mais perto de Dylan. Foi assim que ele chegou perto da primeira fila.

O encontro com Belchior, para quem tinha um dos mais baratos ingressos para a apresentação, foi fortuito e às cegas, porque Dalwton não sabia até onde poderia ir. Foi sentar-se, localizar-se e localizar, ali, bem ao lado, o escritor de canções que mais espelhou Dylan na música brasileira.

Mil desenhos para o Inferno, mil para o Purgatório, mil para o Paraíso

Belchior era fascinado pela história de como a mãe de Antonio Severiano Batista, o Tota, seu amigo, tinha morrido. Nascido em Uiraúna, no interior da Paraíba, Tota chegou a Fortaleza em 1970, acompanhado do pai, Chico, e da mãe, dona Maria. Um dia, caiu um raio sobre a casa dos Severiano Batista e a descarga elétrica alcançou dona Maria, que cozinhava o almoço. Ela caiu morta ali mesmo. Por que tão longe de sua Uiraúna natal? Por que apenas ela? Por que um raio? Belchior se perguntava em voz alta.

Após a morte da mãe, Tota teve que se virar mais cedo no comércio de Fortaleza. Arrumou emprego no Epitácio, uma loja de molduras e material de pintura. Acabou conhecendo um bom lote de artistas plásticos, que vinham até a loja emoldurar seus trabalhos, e descobriu sua própria vocação ali. Pintor de verve concorridíssima, contava causos e fazia as pessoas rirem com facilidade. Também agitava oficinas de pintura para crianças, adolescentes e idosos, no Lar Torres de Melo. Até que conheceu, ali mesmo na loja de molduras, aquele que se tornaria um dos seus grandes amigos e protetor: Antonio Carlos Belchior.

Belchior adorou Tota. Tanto que abriu uma galeria para ele, a Paleta, na rua Pereira Filgueiras. Chamava o rapaz de "Filhotão". Tota passou a ser um faz-tudo de Belchior: era curador e galerista, vendedor e ambulante, o que fosse necessário. Quando havia turnês, ele ia junto e montava uma banquinha para vender CDs e souvenires. Acontece que Tota também prometia autógrafos e encontros com Belchior, que o cantor costumava cumprir religiosamente. Houve até um show em que Tota vendeu oitocentos CDs, e Belchior quase teve estafa de tanto assinar discos.

Tota viveu momento muito fértil na sua parceria com Belchior. Realizou mostras como a dos cinquenta anos de carreira de outro grande amigo, Raimundo Fagner. Cedeu o espaço para filmagens do longa-metragem de Rosemberg Cariry. Abrigou shows de Fausto Nilo, Geraldo Azevedo, a banda Sátiros. Tota prestava contas religiosamente, e Belchior cobria todas as despesas e o aluguel. O galerista é uma figura de sorriso fácil, brincalhão, interessado em tudo com genuína atenção, sem dispersão, o tipo que, cinco minutos após conhecer alguém, já consegue achar conversa até sobre reforma de instalação hidráulica da casa do interlocutor.

Mas, em 2007, a sua amizade com Belchior começou a esfriar. Uma noite, Belchior ligou e pediu ao Filhotão para ir buscar uma mulher no aeroporto. Era Edna Assunção de Araújo, a Edna Prometheu.

Com seu codinome de tragédia grega, Edna não era o tipo para o qual Belchior normalmente arrastaria suas asas. Muito pequena, um tanto atarracada, menos de 1,60 metro, cabelos longos até quase o meio das nádegas e aparentando não ver pente há muito tempo. Quase sempre de jeans desbotado, blusas cobrindo os braços, óculos escuros sem grife. Boca e nariz pequenos, a boca levemente arqueada para baixo. Os cabelos eram encaracolados, como os de Guarabyra, da dupla Sá e Guarabyra, e ela não raro os prendia num coque evangélico.

Belchior tinha demonstrado predileção, até ali, por mulheres longilíneas, com gosto para vestidos de cores vivas, o estereótipo de feminilidade de fotonovela: moça que cruza as pernas sobrepondo inteiramente uma à outra, de unhas de pé e mão muito bem-feitas, sobrancelhas milimetricamente aparadas. Edna tinha outro estilo, mas foi justamente seu rasante de *blitzkrieg*, o jogo de bombardeios fulminantes, que o seduziu. Ela discordava de sua opinião sobre artes plásticas de forma brusca, o interrompia quando estava fazendo digressões, tomava a dianteira antes que ele pudesse expressar o que pensava.

Com o tempo, Edna tomaria realmente conta de todos os momentos de hesitação de Belchior. Após os shows, levava-o para as vans antes de chegarem as fãs, para evitar o assédio. Controlava sua agenda como se fosse, ao mesmo tempo, a agente, a assessora de imprensa e a diretora de palco. Belchior passou até a evitar os ensaios, e alguns dos músicos atribuem isso a Edna. "Não sei o que ele viu naquela suvaqueira", desabafou, numa noite de muita cerveja em Fortaleza, um dos músicos de sua antiga banda.

"Ela nos afastou, fez tudo que pôde para sabotar as amizades dele, afastou Bel de todo mundo", conta Tota, que não teria ido buscá-la no aeroporto de Fortaleza se soubesse o que o destino reservava.

Belchior abandonou a Galeria Paleta, que, sem sua generosa subvenção, acabou fechando as portas. Tota guardou de 25 a trinta quadros que mostravam toda a evolução da pintura de Belchior, da qual ele não era tão fã. Há em sua casa uma tela que mostra um pastiche moderno de Belchior, uma espécie de pré-Volpi, com dedicatória no verso. "Eu daria nota 7", ele diz, rindo. Belchior sabia que ele pensava assim, a sinceridade de Tota não o deixa ser confundido com um falso amigo. "Ele tinha uma coisa: levava tudo a sério. Se ficava obcecado por algum tipo de luz lá da Renascença, passava a ler e pesquisar como um doido. Conhecia 90% dos artistas do Brasil. Ele perseguia o que queria, e fazia tudo com muito rigor e seriedade."

Em termos de processo de produção, canções e pinturas são muito diferentes. As canções, em geral, são procedimentos coletivos, um *patchwork* de muitas contribuições que, embora se iniciem solitariamente com o compositor, acabam desembocando em um estúdio e se enriquecendo com a engenharia sonora, com as ideias dos músicos, com a montagem, a superposição, a aceleração ou o freio; já as pinturas são um processo eminentemente solitário, embora eventualmente persigam os mesmos propósitos de uma canção.

Na crônica do mundo pop, há muitos artistas da música que têm especial predileção pelas artes visuais. A baixista Kim Gordon, do Sonic Youth, tem uma atividade paralela de alguma relevância na pintura. O cantor Tony Bennett, legítimo herdeiro de Sinatra, pinta e vende seus quadros com frequência, e por preços bastante razoáveis. David Bowie e Lou Reed eram frequentadores assíduos de galerias, e o primeiro foi um colecionador e connaisseur de boa reputação, com especial queda por Francis Bacon.

Belchior é um desses artistas de dois mundos. Sempre desenhou, desde criança. Mas o processo da pintura como uma atividade artística paralela começou a sério para ele simultaneamente à fase de composição e produção de seu álbum de maior impacto, *Alucinação*. Em 1975, passou a investir em sua própria educação visual, frequentando ateliês e se relacionando mais estreitamente com artistas plásticos.

A pintura, para Belchior, foi declaradamente um caminho para o autoconhecimento, a explicação de si mesmo, e ao mesmo tempo a atividade que o conduziu para a última encruzilhada, levando-o ao encontro com Edna Prometheu, a mulher com quem empreendeu a derradeira fuga e que os fãs passaram a associar a Yoko Ono, uma maldição, uma "sequestradora" de ídolos. Foi numa mostra de Aldemir Martins que ele e Edna se conheceram. Ele, já separado da mulher, um tanto entediado da rotina das turnês, queria vivenciar algo novo. Ela, também artista plástica, o conduziu sem freios para dentro de um mundo no qual ele sempre roçara, mas nunca adentrara totalmente.

Como músico, foi sempre mais ousado do que como pintor. Figurativo tardio, ele nunca experimentou suportes desafiadores nem criou uma pintura desfigurada, turbulenta. Pelo contrário: é um trabalho de pacífica ordenação, especialmente derivado dos últimos impressionistas franceses dos anos 1920. Belchior sempre fez questão de ressaltar que admirava o trabalho do mestre construtor Francisco Frutuoso do Vale, autor de algumas obras sacras no Ceará. Na sua biblioteca, tinha livros sobre Gauguin, Matisse, Braque, Georges Seurat, Picasso e Otto Dix.

"Para mim, pintar e desenhar não é um hobby, é um trabalho a que me dedico com o mesmo empenho da música", dizia. Marcio Gaspar, jornalista que trabalhou na divulgação de seus discos nessa época, conta que Belchior passou a levar demasiado a sério essa atividade e ficou até "um pouco chato" na obsessão. "Ele começou a se achar o próprio Van Gogh", brinca. O cantor ilustrou as capas ou encartes de muitos dos seus discos e contava que possuía mais de dez mil desenhos, entre gravuras, caricaturas e pinturas que nunca exibiu ao público. Assim como Ferreira Gullar, ele também tinha como hobby reproduzir fielmente ilustrações de pintores que admirava, como Miró e Volpi.

No fôlder da exposição *Autorretrato*, de 1999, Belchior se deixa fotografar em pose de Van Gogh, com o chapéu gasto e uma capa caindo-lhe às costas, em perfil falsamente distraído, em pose deliberadamente Provence, extemporânea. Era tímido, então demorou para mostrar seu trabalho e também sua ambição de pintor. No encarte do CD de mesmo nome, ele escreveu: "Agradecimentos a todos que, de uma forma ou de outra, deram o melhor de si para que este trabalho pudesse acontecer. Muito especialmente Angela Henman, Camila e Mika e o maestro Rogério Duprat". É provável que ele tenha citado o sobrenome da mulher, Henman, para distingui-la da irmã, Ângela. Suas pretensões de pintor encontravam boa ressonância em sua família, que apoiava a experiência. Presenteava raramente, e só pessoas muito próximas. Para o filho, Mikael, ele pintou o quadro *O estudante*, guardado com carinho pelo caçula.

O disco *Autorretrato*, que tinha o pretexto de celebrar seus 25 anos de carreira, apareceu quando ele já tinha 53 anos e, com dinheiro e tempo, montou um álbum conceitual, que desembocou em um show e uma mostra de pinturas. Por vezes, show e mostra se misturavam. Ao chegar ao TBC, em São Paulo, na antessala da apresentação, dispôs uma exposição de suas pinturas, mostrando, entre elas, quarenta de seus autorretratos.

Bob Dylan, outro pintor temporão, disse das próprias pinturas: "Eu não estou tentando fazer comentários sociais com minhas pinturas, ou tentando preencher as expectativas de alguém com elas. Acho que, de algum modo, elas vêm do mundo folk de onde eu também vim". No caso de Belchior, as pinturas vêm de uma idealização de seu conhecimento visual, refinado na arte sacra que aprendeu a apreciar no mosteiro de Guaramiranga, de tom presumivelmente erudito. Ele praticou muito, mas sua obra visual jamais teve atenção adequada ou séria de parte da crítica; ao contrário, era mesmo ironizada à boca miúda. O que não escapou à atenção de Belchior, que escreveu, no programa da mostra *Discografias*, no Teatro Municipal de Araraquara: "Foi a tendência incontida de ocultar-me e fingir, a bel-prazer, que era outro, mais sábio e esperto que eu, que me levou a fazer tantos autorretratos. A facilidade malandra da caligrafia e dos materiais perecíveis dos hotéis de beira de estrada e a certeza de que jamais aprenderia pela pintura ou pelo desenho o conjunto das minhas mais peregrinas qualidades de rapaz latino-americano levaram-me ao tresloucado gesto. A surpresa maior e não muito agradável para os próximos (especialmente para os senhores autores da História da Arte) continua sendo a de que não pude fingir senão para mim mesmo", pontuou ele no *flyer* da exposição, dedicado a sua filha Camila Henman Belchior.

Belchior, como o Dylan pintor, fundamentava sua pintura numa afirmação de Stéphane Mallarmé: "Pintar não é a coisa, mas o efeito que ela causa". Mas, pictoricamente, Belchior ia além da pintura de Dylan. Uma imaginação do burlesco bastava ao poeta americano; a Belchior, as fronteiras que a pintura já tinha ultrapassado eram um desafio novo, ele o enfrentava como se fosse uma criança refazendo os passos dos pais.

"Nossa maior identificação, além de comungarmos pelos mesmos ídolos, era o universo das artes plásticas e do cinema", conta o amigo e parceiro em catorze canções, Graccho Braz Peixoto. Graccho usufruiu da imensa biblioteca de Belchior, no Campo Belo, e partilhou suas utopias de artista e o espírito rebelde. Até hoje, conta que costuma passar pelo local onde era o ateliê, e fica melancólico ao ver que ali foi erguido um edifício de nome francês, de luxo.

Os poucos críticos que ele teve de seu trabalho eram os próprios curadores ou amigos envolvidos nas montagens, que eram generosos mas pouco eficientes na descrição das mostras. "É interessante que observemos, pois, os suportes que Belchior elege para muitos de seus desenhos. Numa visão quase romântica, são fragmentos de papéis, guardanapos, papéis de embrulhar pão que, muitas vezes, em um quarto de hotel, se integram ao traço de nanquim, estabelecendo cumplicidade e inventando fatura. Belchior é múltiplo, sua produção se diversifica em inúmeros temas, autorretratos, retratos-caricaturas de amigos ou de músicos de sua admiração. Personagens folclóricos do seu Ceará, em composições que beiram o cartoon e os desenhos ilustrativos de histórias juvenis que o artista reinterpreta utilizando sua caligrafia personalíssima como complemento", escreveu Fernando Pacheco, curador da exposição.

Já Sérgio Cardoso, ator, diretor e fundador da Casa das Artes Otávio Car, escreveria: "O horizonte criativo de Belchior vai muito além da música. Suas pinturas e desenhos, da mesma forma que suas canções, estão cheios de força sem perder jamais a leveza, o humor e a expressividade que causam sempre efeito saboroso e surpreendente". Além das próprias pinturas de Bel, a exposição *Discografias* trazia retratos seus feitos por artistas amigos, como Siron Franco, Fernando Fiúza e José Roosevelt.

Em seguida, ele lançou a coleção de 31 gravuras retratando o poeta Carlos Drummond de Andrade, uma de suas grandes referências. Cada gravura trazia um poema de Drummond no verso e havia dois CDs com interpretações do próprio Belchior. "Com idêntico esmero ao usado para escolher os poemas que musicou e cantou, o artista captou em várias versões um só tema: o rosto do poeta calvo, hirto, de óculos e com o permanente ríctus com que costumava manter os lábios numa curvatura descendente, não para expressar tristeza, mas, na certa, para manifestar sua irônica visão sobre esta 'máquina do mundo'", escreveu o jornalista José Nêumane Pinto.

A exposição sobre Drummond era composta de quadros em nanquim, aquarela e guache, com caligrafias artísticas do poema "Política literária", do livro *Alguma poesia*, além de retratos do poeta. Uma declaração feita pelo próprio Drummond, aprovando o resultado, também fez parte da mostra que foi exibida originalmente em Itabira (MG), na Fundação Drummond, por ocasião do centenário do poeta, em 2002. Belchior já anunciava o lançamento de um novo CD, no qual os 34 poemas estavam sendo gravados: "Escolhi textos que achei absolutamente definidores da obra de Drummond e os musiquei". A exposição percorreria o Brasil. No ano seguinte, ela foi a Berlim, com mostra na embaixada do Brasil. "Na carreira de desenhista, Belchior tem planos ousados, como o de desenhar a *Divina comédia*, de Dante Alighieri, com 'mil desenhos para o Inferno, mil para o Purgatório e mil para o Paraíso'", dizia à época um artigo do *Estado de S. Paulo*.

Em 1987, Belchior tinha mostrado parte dessa produção de desenhos ao repórter Thales de Menezes, da *Folha de S.Paulo*. Thales descreveu o encontro em um artigo, relembrando que a casa do cantor na zona oeste de São Paulo, que visitara, estava repleta de livros por todo lugar, do banheiro à cozinha, e que, ao cabo de quase três horas de conversa, Belchior fugiu de todas as perguntas sobre música. Na despedida, ele deu ao repórter um exemplar do disco mais recente, com autógrafo na capa: "Desculpe, mas ainda não posso dar um desenho a você. Eu não considero nenhum deles como terminado".

Belchior disse ao entrevistador que sua obra musical já estava consolidada, mas que os desenhos ainda requeriam dedicação e por isso centrava sua fala neles. "Gosto de cantar e gosto de escrever canções, mas depois que você compõe e grava, tudo é capaz de andar por conta própria. Um dia eu vou morrer e minhas músicas vão continuar por aqui. Terei deixado as minhas gravações, e uma boa parte delas foi gravada de modo brilhante por outras pessoas. Mas esses desenhos ainda precisam muito da minha dedicação."

Ao desaparecer da vida pública, Belchior teve seu ateliê lacrado e suas obras, além dos livros raros que amealhou em sebos, seu material de pintura e objetos de arte, tiveram destino impreciso. A própria família não sabe onde foi parar tudo que havia lá. Seu trabalho não tem uma estimativa de mercado, mas como nunca atuou profissionalmente, é possível que seja reavaliado à luz de algum recorte novo nos próximos anos.

Bangalôs, charqueadas e acampamentos

Belchior começou a desaparecer em 2007. As evidências de que seu sumiço era inusitado e "misterioso" foram sendo levantadas pela imprensa e por alguns vestígios que corroboravam a tese de uma fuga doida: além do ateliê abandonado, agentes que não conseguiam marcar shows, pensões atrasadas, celular desativado, familiares que não conseguiam dizer como encontrá-lo, amigos que não sabiam mais seu endereço e, enfim, as primeiras dívidas. O estacionamento Jaguaribe Park, de São Paulo, entrou com o primeiro processo, reclamando o pagamento de 8.323,59 reais – Belchior abandonara em suas dependências uma Mercedes C180, placa CCW-9000, ano 1995. Também largou outro veículo no aeroporto de Congonhas.

Angela Margaret Henman Belchior, ex-mulher de Belchior, mãe de Camila e Mikael, entrou com ação de partilha de bens em 2013, com sucesso. Fez isso para evitar que todos os bens fossem confiscados por dívidas comezinhas que estavam virando bolas de neve gigantescas após o sumiço do ex.

"Quando eu soube que ele tinha sumido por causa de umas dividazinhas, comecei a procurá-lo. Fui até a irmã dele. Eu podia resolver isso. Nós podíamos arrumar dois ou três shows e pagar tudo. Era coisinha. Mas não consegui achá-lo. Ele não quer ser ajudado", contou um desolado Ciro Gomes, ex-governador do Ceará, ex-ministro da Fazenda e candidato eterno à presidência da República, logo após um debate político em São Paulo, em 2016.

Dez anos mais novo que Belchior, Ciro estudou em Sobral, cidade natal do cantor, no Colégio Sobralense, mas só veio a conhecê-lo em Fortaleza, quando já era famoso e cantava em festivais, em meados dos anos 1970. Ciro participava como expositor da chamada Massafeira, a mostra meio hippie de artistas e artesãos do Ceará, vendendo sandálias de couro que ele mesmo fabricava. Era amigo de Fagner e Ednardo, e, por tabela, acabou fazendo amizade também com Belchior, que frequentava menos o grupo. A última vez que se encontraram foi em 2008, depois do início do sumiço "oficial", em 2007. Passaram a noite cantando e bebendo, como sempre fizeram, e Ciro conta que ele lhe pareceu "centrado e criativo" como sempre.

Em 26 de dezembro de 2007, Belchior ligou pela última vez para sua filha Camila. Ela já não tinha notícia dele havia meses. Quando atendeu, estranhou o número do celular, não era aquele do qual ele normalmente ligava. Reconheceu imediatamente a voz e começou a chorar copiosamente. Belchior falou: "Ah, tudo bem?". Seu jeito alegre permanecia o mesmo. "Parabéns, filha! O que você está fazendo?" Ela seguia chorando. "Está tudo bem, filha. Daqui a pouco a gente se vê. Já, já a gente se vê." Nunca mais ligaria.

Camila nunca ficou magoada. Mas sua tristeza perdurou por dez anos. Enquanto esperava por notícias e buscava contatos, ela se entristecia pelas perdas do pai, especialmente o contato com o mundo que tinha alimentado sua criação até ali, o palco, os fãs, a família, o Ceará.

Nos três anos seguintes, a partir de 2008, o paradeiro de Belchior e de sua mulher, Edna, de forma geral, ficaria encoberto por uma neblina fantasmagórica. Sabe-se que, dali por diante, o cantor perambulou pelo Uruguai, mas frequentemente cruzava a fronteira e ia a shows, festas e até saraus no Rio Grande do Sul.

Belchior gostava muito dos pampas. Tinha amigos de longa data por todo o Sul, em Porto Alegre, Santa Maria, Caxias, Santa Cruz, Pelotas e cidades menores, como Venâncio Aires e Lajeado, na região do Vale do Rio Pardo, e também Taquari. Admiradores conquistados nas longas turnês. Gostava das cidades, dos poetas, dos cantores, costumava citar seus nomes e suas obras. Admirava Mario Quintana verdadeiramente. Sempre adorava quando lhe falavam de Santa Maria e em seguida acrescentavam o nome completo da cidade (Santa Maria da Boca do Monte). Ria à larga desse nome. De Santa Cruz ele gostava por ser uma cidade arborizada, com clima de interior e confortos de cidade grande. Ele começou a visitar a cidade em 1980, quando conheceu a fotógrafa gaúcha Dulce Helfer. Trocavam cartas, telefonemas. Durante um jantar com amigos gaúchos no bar Van Gogh, na Cidade Baixa, em Porto Alegre, em 2008, ele chegou a confidenciar que estava com planos de se mudar para Santa Cruz. "Assim que teu coração estiver desocupado, estarei sempre à tua espera", escreveu Belchior a Dulce.

Ainda assim, enquanto o dinheiro sorria, era o Uruguai que lhe parecia o refúgio ideal. Ali, sua parada mais estável foi em San Gregorio de Polanco, uma cidade de 3,5 mil habitantes no Departamento de Tacuarembó, região central do Uruguai, a 369 quilômetros de Montevidéu, um vilarejo repleto de murais de artistas como Dumas Oroño e Felipe Ehrenberg, recobrindo casas e logradouros. O nome de San Gregorio deriva do santo católico de origem burguesa que também era conhecido por sua capacidade de diálogo.

Um lago de 20 mil hectares domina a paisagem. "Em uma fria manhã de inverno, em meio à bruma que vem do Río Negro, o casal chegou ao Lugarcito, um complexo de bangalôs para turistas", descreveu o jornal *Folha de S.Paulo*, como se narrasse uma cena de um livro de Conan Doyle. Em San Gregorio, no Lugarcito, Belchior iniciou sua rotina de expatriado monástico.

Escrevia na varanda de sua cabana de forma "hemorrágica", como descreveu César Caétano, proprietário do Lugarcito. Leu Eduardo Galeano e Juan Carlos Onetti, gravou uma microentrevista para um restaurante que frequentava com mais assiduidade, o Mesón El Recanto, em Artigas (com poucos deslizes no espanhol). Teria feito também rascunhos de um álbum de histórias em quadrinhos, garantiu um dos conhecidos uruguaios. Trocava discos e organizava jantares discretos com os novos amigos que arrebanhou pelas imediações, como Ruben Dinardi.

"Acho que ele fugia do barulho, da imprensa, do sistema de obrigações que rodeia um músico da sua dimensão e da fama que o acompanha", disse Tonio Pereira, diretor do canal local de tevê, a quem Belchior deu uma entrevista sem grande interesse.

Certa vez, Belchior abalou-se, de carona com seu senhorio, César Caétano, até Rivera (na fronteira com Santana do Livramento, no Brasil) e foi reconhecido. As pessoas criaram um pequeno tumulto, cercaram-no, não o deixavam entrar na agência bancária para onde tinha ido. O gerente teve que fechar o banco mais cedo somente para atender Belchior. "Está vendo, César? Isso não é vida", disse a Caétano. Essa pequena incursão a uma agência bancária uruguaia corrobora uma tese que um dos mais antigos companheiros de Belchior, o arquiteto Fausto Nilo, sempre dizia a seu respeito. Brincando, Fausto gracejava assim: "Rapaz, o Belchior foi para o Uruguai para ficar perto do dinheiro dele. O dinheiro dele está no Uruguai, que é paraíso fiscal". Fausto dizia isso jocosamente, para realçar sua opinião de que Belchior nunca fora imprudente, nunca desperdiçou dinheiro, sempre foi cerebral, de ações calculadas.

Mas o dinheiro, se houvesse, tinha acabado. Belchior passou a protagonizar algumas cenas de melancólica dureza. No dia 12 de junho de 2009, Dia dos Namorados, um casal de brasileiros, acompanhado de seus pais, saiu para jantar com outro casal de amigos em um pequeno restaurante de Colonia do

Sacramento. Reencontraram Belchior e Edna, que tinham conhecido no lobby do Sheraton de Colonia, luxuoso hotel instalado dentro de um campo de golfe. Conversaram durante quase duas horas. Ao convidarem o casal para se juntar a eles no afamado bistrô e galeria de arte La Casa, do chef Jorge Páez Vilaró, notaram que Belchior e Edna não demonstraram interesse de imediato. Belchior estaria a caminho de um festival e antes fariam uma sessão de fotos promocionais, disse a mulher. Mas, menos de cinco minutos depois de os três casais de brasileiros chegarem ao restaurante, Belchior e Edna os alcançaram.

Belchior tirou da bolsa um CD de poemas de Pablo Neruda e entregou para um dos casais, explicando que era presente de Dia dos Namorados. Para os pais destes, carregava uma gravura de Calasans Neto, pintor, gravador, escultor e cenógrafo baiano que ilustrou inúmeras obras de Jorge Amado. Segundo Edna, ela e Belchior haviam arrematado uma coleção de gravuras de Calasans Neto em um leilão da família de Jorge Amado, e ela estaria, nessa viagem, levando os trabalhos à Argentina para uma interessada em adquiri-los. Mas, se houvesse interesse...

Belchior falou sobre advocacia criminalista e judaísmo, dizendo que tinha origem judaica, de cristão-novo. Ao fim do jantar, Edna relatou que o pessoal da "produção" havia entrado no quarto deles para levar alguns equipamentos e acabou levando por engano sua bolsa de pertences pessoais, com documentos e cartões. Pediu aos anfitriões se não poderiam trocar para ela um cheque do Banco do Brasil. Como não tivessem dinheiro em espécie, acabaram apenas pagando a conta de Belchior e Edna.

Houve, por essa altura, também o caso de um promotor de Justiça, motociclista, que teria dado trezentos dólares a Belchior, recebendo em seguida um cheque frio do Banco do Brasil que o rapaz nem tentou trocar, pois sabia que era sem fundos. Segundo contou, aquele tornou-se o "autógrafo mais caro" de sua coleção.

Em agosto de 2009, Belchior, que tinha virado objeto de um jogo ao estilo Onde Está Wally? no país e no mundo, foi localizado pelo programa *Fantástico*, da Rede Globo, após uma caçada sem precedentes por jornalistas e pelos fãs e curiosos nas redes sociais. Ali, sentado no jardim, nitidamente a contragosto, ele deu uma pista de sua vida de então: "Eu estou sempre voltando para o Brasil", afirmou. Não era uma metáfora: ele realmente ia e vinha do Rio Grande do Sul até o Uruguai. "Não sou uma celebridade", ponderou. Infelizmente, era, e a tentativa de recuperar o anonimato o tinha empurrado para a fuga incessante, um inferno do qual não escaparia sem selfies.

Fagner contou que, em outubro de 2009, chegou a encontrar-se com Belchior em Canela, no Rio Grande do Sul, em um evento musical. Após anos de ruptura, conversaram no hotel em que estavam hospedados, num café da manhã em que havia outros artistas, como Sergio Reis e Amado Batista. Pode ser que Fagner tenha se enganado na data, já que a Festa Nacional da Música de Canela, em 2009, não tinha a presença de Belchior no programa. Belchior já estava, àquela altura, longamente exilado. Mas também pode ter efetivamente se deslocado do Uruguai até lá somente para conversarem. "Batemos um bom papo, falamos de música, sobre a vida, livros, foi quando ele mostrou um poema que ele escreveu para mim. Depois disso, nunca mais o encontrei", relembrou Fagner.

Em dezembro de 2011, Belchior usou o telefone em San Gregorio de Polanco para ligar para o Ceará pela primeira vez em muitos anos. O único que atendeu de primeira foi o irmão, Francisco Gilberto, três anos mais novo que Belchior. "Como está mamãe?", perguntou. Francisco ficou surpreso. "Bel, mamãe morreu já tem quatro meses." Belchior ficou transtornado. "Mas por que vocês não me ligaram?", perguntou. "Você não deixou nenhum telefone", argumentou Francisco. Belchior soluçou ao telefone, ficou uns tempos emudecido. Depois, retomou as perguntas sobre temas diversos, como se não tivesse se tocado realmente do que acontecera. Depois disso, nunca mais ligou.

Ainda em 2011, Belchior atravessou a fronteira a passeio e acabou assistindo a um concerto em Quaraí (a 597 quilômetros de Porto Alegre). No palco, estava o pianista João Tavares Filho, gaúcho que vive hoje em Roma e encabeçava um programa musical-educativo. Belchior gostou do recital e o convidou para fazerem algo juntos, mas no Uruguai. Ficou acertado que seria em Rivera. É uma curiosa história que parece invocar a excentricidade de outro misantropo da MPB, Geraldo Vandré. Este, após retornar do exílio, fez raras aparições públicas e só topou fazer um show, nos anos 1980, do lado paraguaio da fronteira com o Brasil. No Brasil, de 1968 para cá, Vandré só subiu ao palco em um evento da Força Aérea Brasileira e em outro a convite da cantora folk Joan Baez.

O pianista quaraiense Tavares Filho não fez forfait: aceitou gravar com Belchior no Uruguai e surgiu o que batizaram como *Ondas sonoras – Primeiro movimento*, um embrião de um projeto musical. A gravação foi realizada por Paulo Coser (da empresa Projesom Sonorizações) em 7 de setembro de 2011, no Centro Cultural do Consulado do Brasil em Artigas, no Uruguai. Responsável pela captação em áudio e vídeo, Paulo Coser disse que foram gravadas três músicas: "Velha roupa colorida" (o vídeo já virou hit após liberado pelo pianista), "Retórica sentimental" e "Paralelas". A ideia da filmagem foi de Belchior, que tateava em busca de uma linguagem de vídeo.

Em maio de 2012, Belchior e Edna, que estavam hospedados havia alguns meses em um hotel de Artigas, saíram sem pagar a conta, de 30 mil reais, deixando para trás roupas, blocos de anotações e desenhos, malas, três pinturas e um laptop. Sem alternativa, a gerente, María da Rosa, os denunciou à polícia. Foi expedido um mandado de busca. O comissário Hector de

Los Santos explicou à imprensa que, caso fosse encontrado, Belchior não seria preso, porque o não pagamento de dívida não era crime no país vizinho.

A primeira cidade gaúcha à qual Belchior chegou foi a capital, Porto Alegre, fugindo das pequenas inadimplências do período anterior, já sem muita perspectiva de alojamentos e refúgios. Não demorou para que o achassem. O *Jornal do Almoço*, da RBS, divulgou as imagens em novembro de 2012. "Ontem o cantor foi localizado. E sabe onde?", disse a apresentadora no estúdio, com um tom de aparente ironia.

O VT exibido a seguir mostrava um homem iluminado por um *sun gun* de segunda categoria (daqueles que só iluminam uns três metros adiante, praticamente uma lanterna), andando com pressa, carregando uma valise, bagagem de mão de avião, e puxando uma mulher pela mão. O homem atravessou a rua e tentou contornar uma árvore. Parecia político acossado por um desses programas de humor involuntário. Ele usava camisa de mangas compridas listrada por fora da calça e a mulher parecia que estava de moletom e bolsa. Ele, de quadris muito largos, fazia gestos de impaciência. Ela apenas se deixava rebocar. Ele usava óculos escuros mesmo na penumbra. O repórter pareceu perguntar a primeira coisa que lhe veio à cabeça (e que também sugeria um desafio):

— Para onde agora?

Sobressaía no homem que a equipe de tevê perseguia um bigode branco e um cabelo muito preto, um Belchior mais circunspecto que de costume. Agora, o câmera fazia, com uma objetiva, imagens do casal, mais relaxado, dentro de um bar, conversando com alguém que lembrava um concierge. O repórter revelava, em off, que eles não tinham reserva e que foram parar num restaurante japonês.

Edna, a mulher de Belchior e sua inseparável companheira nesse *Bonnie & Clyde* caboclo, ficou marcada na descrição de seus interlocutores porto-alegrenses como simples, bem articulada e claramente paranoica, mas de delírios persecutórios muito bem alinhavados. Ela via espiões em hóspedes dos hotéis onde ficavam; achava que havia jornalistas hospedados no mesmo andar para ficar de olho no casal; e suspeitava que espiões tentavam fazer leitura labial de suas conversas com Belchior. Isso os exauriu e os tornou desconfiados ao extremo. Como num filme de James Bond, ela contou a alguns anfitriões que possuía um dossiê com incontáveis cópias salvas em locais estratégicos, para deflagrar provas da perseguição que sofriam. Olhava para trás enquanto se locomovia por Porto Alegre para checar se o carro não estava sendo seguido.

Acuado pela ágil imprensa gaúcha, Belchior já tinha concedido na noite anterior uma relutante entrevista à repórter Letícia Costa, do jornal *Zero Hora*, ali mesmo no Sheraton. "Sucinto nas respostas e com constantes interrupções e interferências da mulher, Edna, ele disse que não está tentando se esconder", escreveu Letícia.

Belchior só parou para falar após uma pequena e tensa perseguição. Por volta da uma da manhã, o cantor tinha deixado o hotel, caminhado por alguns metros e, cercado por repórteres, procurou um refúgio. Cerca de vinte minutos depois, funcionários afirmaram que Belchior teria deixado o local por uma saída de emergência. No entanto, taxistas comentaram que ele tinha se escondido na cozinha e só teria saído, na companhia da mulher, mais de uma hora depois, quando as luzes do estabelecimento já estavam completamente apagadas e os funcionários haviam ido embora. Vendo que não tinha mais jeito, ele parou e falou ao jornal.

— O senhor é muito reconhecido por onde passa. Tem como se esconder?

— Não, mas eu não quero [me esconder].

— Ele não está tentando se esconder.

— Fotografamos o senhor no shopping mais cedo, e a notícia já está em nosso site com grande repercussão.

— Posso ver? Essa notícia que está circulando [de que seria procurado por dívidas no Uruguai] é mentirosa.

— Já que a notícia não é verdadeira, seria importante esclarecer para o público.

— Não.

— Isso não interessa.

— O senhor costuma ser abordado por muitos fãs?

— Diariamente.

Era janeiro de 2013. Com o coração aos solavancos, o repórter Jimmy Azevedo, jornalista da Rádio Guaíba de Porto Alegre, instado por amigos, abalou-se até o hotel Sheraton (instalado no Parque Moinhos de Vento, um doce chamariz para um certo tipo de jornalismo popular se arriscar a ligar as trajetórias de Dom Quixote e Belchior) para checar se o que ouvira estava correto: estaria hospedado ali o mais famoso fugitivo do país naquele momento. A informação estava correta.

Com a ajuda do radialista e cronista Juremir Machado da Silva, também da Rádio Guaíba, tornado intermediador de emergência (Edna o procurou primeiro), Jimmy e seu colega Gabriel Jacobsen passaram a acompanhar o cantor e a mulher. Ganharam sua confiança com tato. Foi com a dupla que Belchior saiu dias depois do Hotel Ponte de Pedra, na Fernando Machado, num carro da Defensoria Pública, escoltado por outro, como num filme policial. Edna e Belchior lhes pediram para ajudar a formular queixa da perseguição e das ameaças que presumivelmente sofriam.

Belchior entrou no sexto andar do prédio da Defensoria Pública com espírito aberto, cumprimentando funcionários. Ele e Edna carregavam somente uma mala pequena, uma pasta de documentos e duas sacolas de papel com as roupas que lhes restaram. Seus interlocutores contam que essa passagem pela Defensoria Pública teve três horas de duração, depois falam em quatro horas e, finalmente, seis horas entre espera e audiências.

Tomaram café, água, comeram um quarto de um pacote de biscoito de polvilho e Belchior recitou um poema de Manuel Bandeira, "Isadora": [...] "Dança, dança, dança/Como na Ásia dançam/As moças de Java./Pois que és Isadora,/Dança como outrora,/Como linda outrora/Dançava, dançava/Isadora Duncan". Depois da saga com os defensores públicos, Belchior e Edna foram se abrigar na casa de Camila, uma amiga de Gabriel, numa rua tranquila do Bom Fim. Ficariam ali por três dias e três noites.

À noite, por volta das oito horas, Juremir foi até lá conversar com Belchior, que era seu ídolo. Não se decepcionou: tinha à frente um homem gentil, inteligente, calmo e culto, que falou da paixão pelo escritor gaúcho Cyro Martins e outros refinamentos. Edna mostrou vídeos com músicas do marido no YouTube. Falaram em fazer um retorno triunfalista ainda no ano de 2013. Também pediram que se intermediasse uma ida de Belchior à TV Record, que Juremir acabou conseguindo.

Quando os repórteres lhes disseram que, mesmo Belchior não concordando com uma entrevista oficial, eles iriam noticiar a estada deles em Porto Alegre, a situação ficou tensa. Edna e Belchior ficaram indignados e exigiram um comprometimento ético. Falaram de amigos importantes em Brasília, blefaram sobre o que poderiam fazer em retaliação. A voz de Edna, contou Juremir, sempre encobria os balbucios de Belchior.

– Meu Deus, não consigo falar – disse o cantor.

– Vê lá o que você vai falar, hein? – retrucou Edna.

– Vocês não precisam de mim para nada. Não precisam da minha autorização para publicar, mas eu preferiria que fosse diferente. Quero falar quando for de um trabalho, dentro de algo maior, não apenas mais uma entrevista.

Juremir disse que, ainda no caminho, no trânsito, pensou em sua adoração por Belchior, nas composições que tocavam seu coração e na paixão pelo trabalho do cearense. Foi empatia instantânea. Trocaram impressões de música francesa e literatura. Belchior lembrou de uma "entrevista maravilhosa" do passado, concedida ao poeta e jornalista Caio Fernando Abreu e publicada no *Correio do Povo*. Desfilou novas referências de sua experiência gaúcha. "Mario Quintana morou no hotel do Falcão", lembra.

Belchior contou que tinha vivido em Porto Alegre por alguns meses, no Bom Fim, em meados dos anos 1970, hospedado na cidade pela gravadora, que o isolava do eixo Rio-São Paulo enquanto preparava o lançamento do álbum *Alucinação*, sua obra-mestra. "Radamés Gnatalli, músico porto-alegrense, fez o arranjo musical para uma gravação da música 'Baião', de Luiz Gonzaga, gravada por mim para uma novela, eu acho", disse Belchior, enquanto assistia ao trânsito em transe da lenta avenida Venâncio Aires no fim da tarde.

Negou-se a tocar violão, mas voltou a falar da cultura pop gaúcha com conhecimento de causa. Contou que gravara a música "Paixão", de Kleiton e Kledir (Belchior chegou a cantarolar a segunda frase da música, "... e o teu jeito de fazer amor"). Fragmentos do diálogo foram publicados por Jimmy, mas quase nada traz novidade sobre o cantor. "Nunca usei maconha, só fumei cachimbo e charuto", confidenciou.

Jimmy Azevedo contou que não era grande fã de Belchior quando foi encontrá-lo. Diz que sempre nutriu enorme respeito pela obra, conhecida através de interpretações memoráveis de outros artistas, como Elis Regina, sua conterrânea do bairro Iapi de Porto Alegre. Mas o posicionamento progressista de Belchior, muito presente nas canções, o impelia a apreciar sua obra. E, nos últimos anos, seu posicionamento quase anárquico no relacionamento com a indústria da música também o seduziu.

Para Jimmy, a paranoia, ou a presumível paranoia de Belchior e Edna, revelada naqueles dias de transferências e fugas imaginárias em que os acompanhou em Porto Alegre, tinha "componentes de teatralidade e surrealismo francês", elementos que, acreditava o jovem repórter, vinham sendo alimentados pela voracidade midiática.

Para os jornalistas gaúchos, Edna, a mulher de Belchior, que vinha sendo descrita como uma espécie de Yoko Ono brasileira – manipuladora e capaz de causar divisão e briga –, carrega um componente de grande pragmatismo na personalidade. Jimmy chegou a se referir a ela como "companheira Edna, uma espécie de ID guerrilheiro contra a opressão do superego".

"Digamos que Edna é uma espécie de empresário com um tesouro em mãos. E não quer abrir mão disso, não apenas por questões financeiras, mas por algo mais sigiloso entre ambos", afirmou o jornalista.

Belchior não completou sua denúncia à Defensoria Pública. Logo deixou os novos amigos a ver navios e desapareceu pelas ruas do Bom Fim para não ser mais visto.

Olarias, charqueadas, galpões, senzalas, capelas, cemitérios e arvoredos marcam a paisagem de Guaíba, município na região de Porto Alegre, a sessenta quilômetros da capital. Num sítio da região conhecida como Serrinha, nas imediações, Belchior achou guarida entre fevereiro e julho de 2013, abrigado pelo amigo advogado Jorge Cláudio de Almeida Cabral, também poeta e escritor.

Juntos, Cabral e Belchior tiveram uma rotina quase profissional. Visitaram a União dos Compositores e o cantor foi ao lançamento de um dos seus livros num shopping. Cabral desfrutava de intimidades e confidências de Belchior, que levou consigo alguns dos seus poemas dizendo que os musicaria. "Ele me dizia que as histórias não eram mais dele e sim minhas, pois era ele que havia entrado na minha vida e não nós na dele, então ele disse: Quando escreveres sobre mim, não será das minhas histórias, mas as da tua vida, eu sendo apenas um apêndice dela neste momento."

O advogado chama Edna apenas de "ela", e, em um relato que escreveu sobre seu relacionamento com o casal, não a menciona. Acha uma pena que queiram saber tanto dela, quando é Belchior que deve ser lembrado. Embora Belchior se mantivesse sempre lúcido, ligadíssimo, atualizado social e politicamente, pondera Cabral, não era mais aquele Belchior que desaparecera havia dez anos. "Havia uma espécie de simbiose entre os dois, ele para ela Deus, ela para ele a guardiã com ordens de cuidado irrevogável. Não sou psicólogo e nem psiquiatra, mas a minha profissão como advogado nesses últimos 32 anos me fez conhecer um pouco da loucura de cada um."

O radialista maranhense Dogival Duarte, de 54 anos, viveu no Rio Grande do Sul desde a adolescência. Natural de Lago da Pedra, na região central do Maranhão, manteve a paixão pela música do Nordeste. Aos dezessete anos, morou em Brasília, depois foi para Novo Hamburgo e, em 1986 se mudou, a trabalho, para Santa Cruz do Sul. Foi aos vinte anos, em 1983, ainda em Novo Hamburgo, que teve a curiosidade de conhecer a música de Belchior.

Haveria, certa noite, no Teatro Araújo Vianna, um show do cantor cearense. Era um artista que Dogival admirava medianamente àquela altura – preferia, na época, Zé Ramalho, Fagner, Ednardo, Amelinha, Alceu Valença. Depois do show, Dogival comprou um disco do artista e foi ao camarim pedir para Belchior autografar. Como de hábito, Belchior recebeu Dogival como recebia a todos, efusiva e agradavelmente. Depois desse encontro, Dogival começou a ir a todos os shows do cearense nas turnês sulistas. Passou a admirá-lo tanto que, algumas vezes, até saía para jantar com o cantor. Lá pelas tantas, depois de 1986, já residindo em Santa Cruz do Sul (cidade a 150 quilômetros de Porto Alegre), quando Belchior vinha ao Sul, o agora convertido Dogival ia aos shows, depois procurava o artista no hotel e gastavam horas conversando. Uma vez, Belchior lhe disse que tinha levado seu livro *Poemas da terra* para a Biblioteca dos Escritores Independentes de Nova York.

Em 18 setembro de 2013, às sete da noite, de carona num automóvel Gol, Belchior chegou a Santa Cruz do Sul para ficar. Bateu na porta do surpreso amigo Dogival, agora radialista afamado, escritor, formado também em letras e mestre em comunicação. Chegara até sua casa levado por comunidades do Movimento dos Pequenos Agricultores, que o tinham abrigado por um período. "Levaram ele para um jantar e no outro dia já veio para ficar uma temporada em minha casa."

Nesse período, entre 2013 e 2017, Belchior saiu da residência de Dogival por duas vezes e regressou a ela, revezando-se na casa de amigos e com duas passagens pela hospedaria do Mosteiro da Santíssima Trindade, em Rio Pardinho. Ali, reencontrou-se com sua vocação primeira, e tornou-se amigo do bispo Aloísio Sinésio Bohn, além da religiosa madre Paula. Na virada do ano de 2013 para 2014, Belchior e Edna se hospedaram no Mosteiro da Santíssima Trindade, e dom Sinésio o convidou a cantar *Panis Angelicus*, cântico católico escrito por São Tomás de Aquino. Belchior aceitou. Seu desempenho foi descrito pela irmã Andréa Freire, 51 anos, há vinte no mosteiro, como "lindo e encantador".

Nesse período, o casal também desenvolveu amizade com outros dois anfitriões, Aquiles Gusson e Gloria Miranda Caceres, na Ecovila Karaguatá, comunidade alternativa em Linha Ficht, a dez quilômetros do mosteiro. A empresária Ingrid Trindade e o professor Ubiratan Trindade, o Bira, hospedaram o cantor e a mulher entre outubro e dezembro de 2013.

Ingrid conta que havia cumplicidade, afeto e respeito entre os dois, e que conversavam sempre entre cochichos e sussurros. "Deixavam a nossa casa sempre limpa e organizada", lembrou. Edna também demonstrava ser bem informada, mas era inquieta e ansiosa e tinha personalidade forte e dominadora, na descrição de Ingrid. "O convívio com ela era mais difícil. Eventualmente disparava um lado meio teatral e cômico nela que abalava a lucidez de todo o contexto."

Belchior nunca cantou para Ingrid e Bira. Havia um violão na casa, eles lhe ofereceram, mas Edna o dissuadia da ideia. Somente quando ele foi para a propriedade rural da família Trindade, em Murta, interior de Sobradinho, levou o violão. Lá, o vizinho disse que o ouvia cantar e o via sentado no mato, embaixo das árvores, escrevendo, mas foram flagrantes de sorte.

Belchior se mostrava emocionado e legitimamente feliz quando tocava alguma música dele no rádio. Os olhos se enchiam de lágrimas, como se lamentasse a perda de um ente querido. Também acompanhava com atenção os rumos da política brasileira. Comentava que algo maior estava sendo encaminhado por "forças perversas" para "subtrair a democracia brasileira".

De casa em casa, foram vivendo. Belchior falava aos interlocutores do orgulho que sentia ao ver grupos jovens gravando suas músicas. Em casa, Dogival tinha que pedir licença para ouvir Belchior, e o cantor ria e brincava: "Vamos ouvir uma boa música". Ouviam CDs e Belchior ouvia também a rádio da qual Dogival é coordenador. Conversava e lia. Lia muito e desenhava bastante. À noite, via filmes, às vezes durante toda a madrugada.

Edna não raro era considerada um empecilho a todas as iniciativas. Brecava as conversas a respeito de possíveis retornos de Belchior, dominava o ambiente, não costumava deixar ninguém sozinho com o cantor, controlava tudo com mão de ferro. Algumas vezes, Belchior tentava assumir o controle das ações e ponderava com ela: "Não é bem assim…". Mas ela tinha o volante nas mãos.

O cantor era sempre vivaz, consciente de tudo, animado, contava piada, lorotas, recordava casos. Foi por causa de uma visita de parentes da mulher de Dogival, Bruna, que eles acabaram buscando outro lugar para abrigar Belchior e a mulher. Edna não aceitou ir para um hotel, para não serem descobertos.

Quando alguém falava em encarar os problemas jurídicos que o sumiço de Belchior tinha criado, Edna cortava o papo e dizia que tinha uma junta de advogados cuidando de tudo. Ela tinha um problema com a Rede Globo. Rechaçava-a com veemência, contava que a emissora teria processos contra Belchior por quebra de contrato. Desse período de anfitrião, Dogival não guardou nada, somente um autógrafo que o músico fez para sua mãe. "Ele fez um desenho meu, mas ela não deixou ele me entregar. Ela dizia que ele estava compondo, mas nunca mostrou nada. Os desenhos eu vi vários. Mas composições, não, nunca mostraram nenhuma. Ela guardava tudo a sete chaves. Ninguém entrava no quarto. Nem a mulher da limpeza. Eu entrava, mas somente quando ia chamar e ficava um pouquinho conversando com ele. Logo ela estava atrás: vamos descer… Ela dizia. Ele obedecia", conta Dogival.

Nesses quase cinco anos em que viveu nessa peregrinação pelo coração do Rio Grande do Sul, Belchior não voltou a sair muitas vezes de sua bolha. Nessas ocasiões, ele trazia para perto de si alguns dos colegas e antigos amigos para iluminar uma espécie de flashback particular. Ele mesmo armava as visitas. O maranhense Zeca Baleiro, compositor da nova geração da música brasileira, foi um dos raros a usufruir de um encontro dessa natureza.

Em 22 de março de 2014, Zeca fez um show no Parque Oktoberfest, em Santa Cruz do Sul, para cerca de 5 mil pessoas. A cidade gaúcha o acolheu com grande entusiasmo, o prefeito falou no evento, houve confraternização com celebridades locais. Ao final do show, veio um emissário dizer a Zeca que Belchior estava vivendo ali perto e queria vê-lo. Não deixaram que Zeca fosse com sua própria condução, Belchior enviou um motorista e Zeca foi levado, como num *blind date*, a um local desconhecido. Levou consigo uma garrafa de vinho porque sabia que seu anfitrião apreciaria. Chegou enfim a uma mansão de frente para um lindo brejo. Encontrou Belchior abatido, embora extremamente receptivo e simpático.

O anfitrião estava na casa azul do bairro Santo Inácio, a última morada. Bel queria conversar e foi tudo muito bem até o momento em que Zeca se dispôs a ceder seu estúdio para um eventual retorno do cearense. Zeca julga que usou o termo errado: ajudar. Belchior mudou o semblante, ficou lívido e o sorriso sumiu. Zeca percebeu e refez a oferta: colaboraria com o que estivesse a seu alcance para possibilitar um retorno eventual de Belchior aos discos e palcos.

Belchior abraçou Zeca Baleiro como a um amigo antigo. Contou histórias sobre Elis, o pessoal do Ceará, Fausto Nilo, que é um amigo comum, o início da carreira, a coletânea recente que fizeram, o tributo *Ainda somos os mesmos*, releitura de *Alucinação* feita por novos artistas brasileiros, como Phillip Long, Nevilton, Bruno Souto, Transmissor, The Baggios, entre outros.

No jantar, houve um conflito entre Edna e o dono da casa, o que sugeriu a Zeca que aquele abrigo de Belchior estava com os dias contados. Zeca Baleiro já havia encontrado Belchior outras vezes, a última delas, curiosamente, um ano após ele ter marcado sua saída do mundo. Foi em 2008, na saída do show de Bob Dylan no Via Funchal. Nessa ocasião, combinaram um jantar que nunca ocorreu. Zeca é grande fã de Bel, conhece sua obra de cabo a rabo e já pensou até em fazer-lhe um CD tributo, mas, por causa do burburinho em torno do "sumiço", achou melhor esperar um pouco, por medo de parecer oportunista. Sempre reverencia a obra do cearense em seus shows, incluindo no repertório "Ypê", "Todo sujo de batom", "Do mar, do céu, do campo", "Paralelas" e "Apenas um rapaz latino-americano".

"Belchior não é só um grande poeta, é um melodista inspirado também, de uma sagacidade musical rara. O fato de sua música não ser exuberante harmonicamente não é um ponto contra, mas um trunfo, porque faz com que suas letras, verdadeiros poemas/raps, saltem aos ouvidos em toda a sua força, lirismo e lucidez", diz Zeca.

Mas, no período do autoexílio, não era a lírica de Belchior o maior fator de atratividade. Como quase ninguém sabia quem era, muitas vezes seus pendores culinários eram mais decisivos nas amizades. Foi a sopa de Belchior que fez seus vizinhos mais próximos, na casa do bairro Santo Inácio, aonde chegou em outubro de 2015, em Santa Cruz, começarem a gostar mais dele. Aline Kwiatkowski e Flávio da Silva achavam o casal Edna e Belchior demasiado discreto. Era difícil puxar papo. Durante um ano e sete meses, eles viveram uma surpreendente intimidade com o misterioso casal. A mulher de Belchior, quando iniciou uma reforma na casa, passou a se expor mais. Ela instalou vidraças nos fundos e fez algumas mudanças estruturais na casa. Ao cumprimentar os vizinhos, acabou contando que eram de São Paulo e o marido era um escritor, mas só dizia o prenome, Antonio. Aline e Flávio não tiveram a menor suspeita de quem fossem na realidade.

Aline, extrovertida e simpática, começou a levar bolos para Edna, que desarmou sua casca de desconfiança progressivamente. Belchior, contam, viam raras vezes, geralmente pela janela. No verão, saía para nadar na piscina dos fundos. Fazia exercícios dentro de casa e caminhava de noite, muitas vezes de chapéu. Edna tinha um taxista de confiança que fazia serviços para o casal,

Cláudio Pereira Batista, o Baiano. Baiano nunca soube quem atendia, só quando viu a foto da casa na televisão.

Edna, em retribuição aos bolos de Aline, começou a levar à casa da vizinha alguns dos pratos que cozinhava. Após seis meses de lenta aproximação, Aline insistiu para que preparassem juntos um jantar. Edna concordou. "Tu não sabe mesmo quem é o meu marido?", perguntou a Aline. Acabou contando, e os vizinhos de Belchior souberam manter o segredo. Foi então que a gravidez de Aline, recém-descoberta, os aproximou ainda mais. Belchior e Edna eram ciosos com a alimentação da gestante e Belchior começou a lhe preparar sopas. Queriam saber sempre do andamento da gravidez. Edna chegou a participar do seu chá de fraldas.

Destravaram o senso de humor. O casal contou que, um dia, Edna e Bel caminhavam pela rua quando o brincalhão Flávio, marido de Aline, parou o carro de súbito ao lado e perguntou: "Mas tu não é o Belchior?". Belchior quase teve um treco, depois gargalhou junto com o amigo. Comemoraram o aniversário de setenta anos de Belchior com pizza, que o cantor adorava, especialmente a de tomate seco, rúcula e queijo.

Quando nasceu o filho de Aline, Davi, Belchior e Edna foram as primeiras visitas, e trocaram a primeira fralda do novo vizinho. Era uma nova vida que chegava a Santo Inácio, quase como se Deus, numa de suas estratégias de reposição, estivesse brincando de fazer política de compensações.

Inmemorial

Edna contou à polícia que encontrara Belchior já gelado, enrolado numa manta, na manhã de domingo, 30 de abril de 2017, deitado no sofá onde passara a noite ouvindo música clássica. Tinha ido até ali por volta das onze da noite. Queixou-se à mulher do frio e de dor nas costas. Mas não era um dia de grande frio na cidade, a temperatura mínima foi de dezesseis graus (pode chegar a sete graus em julho). Por volta da uma da manhã, Edna voltou a chamá-lo, mas ele não respondeu e ela pensou que estivesse dormindo. De madrugada, a sua aorta, maior vaso do corpo humano, dilatou até explodir – o que os médicos chamam de aneurisma da aorta. Relatos médicos atestam que esse mal invisível sempre é precedido de uma dor no tórax.

Não houve tempo de socorro, foi fulminante, garantiu o delegado, diligente na missão de estancar teses mirabolantes. De Santa Cruz, o corpo do cantor foi transferido para a perícia em Cachoeira do Sul (a cerca de duzentos quilômetros de Porto Alegre), de onde seguiria para a cidade de Venâncio Aires, para ser embalsamado. Só então seria encaminhado para Porto Alegre, de onde, em avião do governo cearense, seguiria para Sobral e depois, finalmente, para Fortaleza. Só repousaria no túmulo na terça-feira, dois dias depois. Antes de ser exposto ao público, no Centro Cultural Dragão do Mar, teve de passar por novo procedimento embalsamatório.

Às 9h40 da terça-feira, 2 de maio, o caixão com o corpo de Belchior desfilou pela avenida Ildefonso Albano, enveredou pela avenida Abolição, pela Rui Barbosa, pela Monsenhor Salazar e entrou na BR-116, passando pelo viaduto do Makro, depois pela avenida Alberto Craveiro, circundou a rotatória do Castelão até tomar a avenida Juscelino Kubitschek. Motoqueiros buzinaram e velhos elegantes tiraram os chapéus e fizeram reverências no ar.

Enfim, o caixão foi baixado do caminhão do Corpo de Bombeiros no cemitério Parque da Paz, no Passaré, em Fortaleza. Havia quatro caixas de metal com restos mortais ao lado da cova fresca (o pai e a mãe, Otávio e Dolores, e a irmã Maria Marfisa e o cunhado José Nilo). Os ossos haviam sido retirados do jazigo da família para que ele fosse acomodado, e o local tinha sido cercado por uma faixa de interdição de trânsito para privilegiar o acesso dos mais próximos.

O corpo estava vestido com camisa jeans desbotada e tinha o cabelo muito preto, penteado para trás com gomalina. A famosa pinta preta do lado esquerdo do rosto não deixava espaço para qualquer esperança derradeira, desesperada, de algum incrédulo, alguém que quisesse levantar uma tese análoga àquelas que acreditam num Elvis vivendo incógnito numa ilha do Havaí ou Jim Morrison escondido como lenhador num vilarejo no sul da França. Numa árvore a cem metros do túmulo de Belchior e sua família, visitantes se entretinham com suas crianças observando dois camaleões que subiram numa das árvores do cemitério e mudavam de cor constantemente.

Havia muitas coroas de flores sobre o túmulo, três delas sem nome. Essas três tinham sido enviadas pelo cantor Raimundo Fagner, que pediu ao administrador do cemitério para não colocar nome algum. Fagner, cujos pais estão enterrados a poucos metros de Belchior, voltaria ali alguns dias depois incógnito, escondido, uma reverência final redentora para uma história sanguínea de amargor e duelismo.

"Se me der vontade de ir embora, vida adentro, mundo afora, meu amor, não vá chorar", cantava Belchior em "Princesa do meu lugar", que o DJ e radialista Nelson Augusto acariciava no Boteco do Arlindo, no bairro de José Bonifácio, um dia depois do funeral. "A terra toda é uma ilha, se eu ligo meu radinho de pilha. Terás notícias de mim entre as carnaubeiras", diz a letra.

As carnaubeiras havia muito tinham ficado para trás. Belchior fizera seu último show no Ceará, em Juazeiro do Norte, terra de penitentes e do milagreiro padre Cícero, havia mais de dez anos. Mas as pessoas seguiam se lembrando dele nas mais diversas situações, até de sua capacidade de, em pleno vapor da fama, achar um tempo para namorar a mulher no banco da praça, agarradinho. De repente, todos eram íntimos e todo o vivido era palpável e socializado.

Morto, Belchior destampou uma onda revisionista até exagerada em um momento de refluxo cultural no país. Além dele, quem tinha sido realmente fundamental em sua geração?, discutiam as pessoas nos bares, ciclos de debates e mesas-redondas. Qual foi realmente a extensão do seu legado? Como garantir que sua obra se integrasse à grandeza de sua terra natal, com um tombamento ou um centro cultural novos? Ou ambos? A Orquestra Eleazar de Carvalho revisitou sua obra, assim como dezenas de colegas. Ednardo cantou lindamente naquela semana no Rio Grande do Norte. A cantora Lúcia Menezes apareceu com meia dúzia de canções inéditas. "Sou candidato a médico e doutor/ Mas o que eu sei de fato/ É samba, meu senhor."

Ao sumir definitivamente, Belchior se juntou a uma seleta trupe de artistas que se calaram como um ato complementar de sua própria criação. Consta que ele chegou a alimentar um projeto nostálgico, tinha planos de produzir um álbum cujo título seria: *Nos tempos da universidade*, reunindo as canções que fez entre 1968 e 1971, ainda no Ceará. Seria um ajuste de contas com sua história mais remota, um fecho emocionante para seus conterrâneos. Mas não teve tempo de levar a cabo.

A última missa para Belchior, no anfiteatro ao lado do Dragão do Mar, foi pungente e cheia de simbologia mística. Um gato branco escorregou sob o tablado enquanto o padre rezava a missa e encarou a multidão, desafiadoramente. Em seguida, desapareceu nos intestinos do edifício. Soldados em exercício passaram berrando palavras de ordem na avenida. "Hoje, Belchior é sepultado na matéria. Mas que nós possamos ressuscitá-lo na nossa lembrança. Expulsar a tristeza da morte de nós. Deixemos a ressurreição acontecer com plenitude", falou o frei Ricardo, que celebrou a missa.

Durante os três dias do velório e funeral, em Sobral e Fortaleza, milhares de fãs já pareciam seguir o conselho do padre. Mesmo após uma chuvarada na madrugada de segunda para terça, nunca pararam de cantar e gritar "Viva Belchior!".

No cemitério, pouco antes do sepultamento, os súditos seguiam cantando suas músicas em dois grupos nem sempre afinados, mas muito emocionados e felizes em revê-lo, nem que fosse por um instante. Fernanda Bueno passara a madrugada no velório desenhando em um caderno todos os acontecimentos e envolvendo os desenhos com frases das letras do cantor. O almoxarife e violonista Aristênio Benício tocou violão durante cinco horas seguidas, repassando mais de cinquenta canções. Aos 77 anos, Shirley Vasconcelos, a primeira da fila, ficou das sete da manhã às três da tarde. Brincava com os seguranças, dizendo que segurava a coluna para o centro cultural onde ocorria o velório não desabar. "Artista não quer viver em cidade pequena", dizia ela, como se procurasse explicar o exílio que nunca acabou do ídolo de "voz aconchegante", como definiu.

Foi como se seu sepultamento exumasse não só as alegrias, mas também os rancores antigos. Como a eterna querela com Caetano Veloso do início da carreira, um embate em versos.

Nas canções, Belchior parecia implicar com algum sintoma de alienação social do tropicalismo. O baiano de Santo Amaro parece ter guardado as palavras durante 41 anos. Em artigo publicado no jornal *O Estado de S. Paulo* dois dias depois da morte do cearense, Caetano Veloso lhe fez uma oportuna reverência, mas não perdeu a chance de responder. Afirmou que Belchior, após conseguir algum êxito, dobrou-se aos prazeres burgueses e passou a usar ternos finos, fumar charutos e falar na cultura da parisiense Rive Gauche.

Seu funeral mobilizou mais de 11 mil pessoas em Fortaleza e Sobral, e a comoção que causou o coloca em pé de igualdade com outros mitos da MPB que foram canonizados pelos fãs, como o baiano Raul Seixas ou o paulista Antonio Marcos. "Acredito mesmo que a filosofia popular de Belchior ganhe ainda mais corpo do que a de Raulzito na memória dos fãs, porque ele tem um imenso repertório", disse Paulo Linhares, diretor do Centro Cultural Dragão do Mar – o local que a família escolheu para o velório, embora tenham sido oferecidos palácios e catedrais históricas da cidade.

Na cerimônia de despedida, as canções de ressonância geracional de Belchior eram as mais cantadas pelos artistas de rua, em especial "Como nossos pais" e "Velha roupa colorida", alegorias de revolução permanente. Mas era possível sentir que a cearensidade, a nordestinidade, como Belchior chamava o apelo regional, eram as melodias que faziam mais eco. Não por acaso, a seção cearense da OAB pediu, na quarta, o tombamento da obra de Belchior como patrimônio imaterial do estado.

Irmã do primeiro casamento do pai de Belchior, a freira Clementina Fernandes, da Congregação Irmãs de Sant'Ana, viu-se repentinamente no meio de um turbilhão de mídia, aos 86 anos. "Ele nos deixou alegria. Não queria fama e dinheiro, queria ser feliz", afirmou ela, e em seguida saiu cantarolando "Eu sou apenas um rapaz latino-americano" na frente da repórter de tevê que lhe pedia entrevista.

Tirando os amigos e seguidores, como os cantores Sávio Leão e Pingo de Fortaleza, o arquiteto Fausto Nilo, Régis Soares (irmão de Ednardo), Tota e Ricardo Guilherme, os famosos da MPB não apareceram para se despedir. Fagner, enigmático, não cantaria "Mucuripe" em seu primeiro show após a morte do ex-parceiro, na Virada Cultural de São Paulo, nem diria uma palavra sobre sua perda. "Às vezes me sinto um pouco covarde: será que eu poderia ter feito mais alguma coisa pelo meu amigo?", disse o fiel escudeiro de Belchior, Tota.

À beira do caixão, a irmã mais nova, a socióloga Ângela Belchior, encarnava a autoridade da família. "Minha irmã mais nova, negra cabeleira", cantava Belchior em "Na hora do almoço". O nariz aquilino, o sorriso, olhos miúdos e olhar firme, a ironia fina: sua semelhança com o irmão impressiona. Ângela depurava as conversas, mapeava os interesses, conduzia vetos silenciosos aos intrusos que se imiscuíam no seio da família. Lílian, outra irmã, era seu oposto: silenciosa, a expressão contorcida, dois passos atrás de Ângela, como que referendando tudo sem usar o verbo.

Ângela Belchior interpelou Ciro Gomes (o único político de expressão nacional presente, além do governador Camilo Santana), em lágrimas perto do corpo do amigo. "Você tem a obrigação de realizar o sonho dele", disse ao pré-candidato à presidência, sem contudo esclarecer qual era o sonho – mas, evidentemente, a música de Belchior sempre tratou de igualdade e justiça.

Edna Prometheu, a viúva de Belchior, que o acompanhara, tal qual uma bola de *pinball*, na doida peregrinação dos últimos anos para longe da vida pública, chegou tão transtornada a Fortaleza que foi barrada no velório do marido. Encaminhada pelos seguranças para uma fila de 5 mil pessoas, só foi salva pela perspicácia de uma jovem fotógrafa que a reconheceu. Ela dizia que o último desejo de Belchior era ser enterrado em Sobral, mas a família discordava. Crateús, costumava dizer Belchior, tinha sido mais generosa com ele, inaugurando teatro e praça com seu nome e recepcionando de forma mais carinhosa sua música. "Não há mais ninguém em Sobral, todos os nossos estão em Fortaleza, é onde está o jazigo da família", argumentou seu irmão Francisco.

Após o enterro, Edna foi uma das últimas a sair da cerimônia, empurrada por um segurança em sua cadeira de rodas. Quando seu carro desapareceu pelas alamedas do cemitério (sob o olhar vigilante e severo da irmã de Belchior, Ângela, que parecia ter ficado ali somente para acompanhar sua partida), parecia claro que começava agora uma nova batalha de fim imprevisível.

Um mês após a morte ainda não tinha chegado a lápide do artista ao cemitério do Parque da Paz. Uma plaquetinha misteriosa, com um símbolo gráfico também misterioso, foi colocada lá por alguém. Tinha uma inscrição que dizia assim: "Belchior Inmemorial". Provavelmente alguém que o conhecia bem, porque "inmemorial" é palavra em espanhol, idioma que ele adorava, e que significa, no dicionário, o seguinte: *Remoto, tan antiguo que se desconoce cuándo empezó* (Remoto, tão antigo que se desconhece quando começou).

Ângela, irmã do cantor, gravou um pequeno vídeo no Facebook no qual acusava abertamente Edna de ter feito de Belchior um refém. Contou que ele havia telefonado para ela, e que a ligação teria sido uma espécie de pedido de socorro. Uma história surpreendente, embora um tanto inverossímil: Ângela não sabe dizer quando nem de onde Belchior lhe teria ligado.

"Não podemos escolher onde nascemos. Podemos, no entanto, escolher onde viver e até mesmo onde vamos morrer", disse o professor Ubiratan Trindade, o Bira, que o hospedou em

Santa Cruz do Sul. Belchior não escolheu onde morrer, mas escolheu viver os últimos anos conforme as palavras de Dante Alighieri na obra que perseguiu, a *Divina comédia*: "A fama que se adquire no mundo não passa de um sopro de vento, que ora vem de uma parte, ora de outra, e assume um nome diferente segundo a direção de onde sopra".

O tema da negação do *establishment* foi amplamente tratado por Belchior em sua obra. Na verdade, também perpassa a vida familiar do músico: seu irmão mais velho, Wilson, foi o primeiro a desaparecer sem aviso prévio, ficando durante vinte anos sem dar notícias. Wilson tinha uma empreiteira, na qual Belchior investira uma boa quantia, e estava no auge do sucesso financeiro. Também tinha pretensões políticas. Mas, sem qualquer sinal, sumiu por muitos anos sem deixar pista. Após esse período, reapareceu em Fortaleza como se nada tivesse acontecido – estivera vivendo no México; atualmente, vive em Los Angeles.

O jornal *Folha de S.Paulo*, em 1978, noticiou, de forma não muito auspiciosa para a família Belchior, que Wilson estaria furando alguns sinais no mundo da política. Reportagem assinada por Thomaz Coelho, sob o título "Caixinha de 30 milhões no Ceará", informava o seguinte: "A mesma coisa está acontecendo com o empreiteiro Wilson Belchior, irmão do cantor e compositor Belchior, que resolveu ingressar na política com toda a força do poder econômico de que dispõe". Anticoronelistas por vocação, os Belchior poderiam estar cedendo à tentação da oligarquia. Mas o sumiço de Wilson desanuviou isso.

Francisco Gilberto, outro irmão de Belchior, três anos mais jovem, define assim as esquisitices da família: "Rapaz, ali em casa o único louco que não sumiu foi eu". Brincalhão e muito doce, Francisco é o típico irmão do meio: não reinvindica demasiada atenção, mas presta atenção em tudo, e aplaina todas as protuberâncias com frases apaziguadoras. "Tinha defeitos? Mas é claro, como todos nós temos."

Mas a fantástica história de Belchior, que crescia conforme passavam os dias de seu autoexílio, ia muito além do mero sumiço: muitas vezes, parecia dar a impressão de que analisava como seria a vida do pós-desaparecimento. Ele sugeria uma pausa temporária, da qual regressaria como se nada tivesse acontecido. Como em "Tudo outra vez": "Gente de minha rua, como eu andei distante,/Quando eu desapareci, ela arranjou um amante./Minha normalista linda, ainda sou estudante,/Da vida que eu quero dar".

Obviamente, a maior parte dessas referências remetia, subterraneamente, ao contexto da ditadura militar, já que os desaparecimentos eram comuns naqueles anos 1970. Mas há algumas canções, como "Caso comum de trânsito", em que ele aborda até o que parece uma mecânica do sumiço. "Pela geografia, aprendi que há, no mundo, um lugar onde um jovem como eu pode amar e ser feliz./Procurei passagem: avião, navio…/Não havia linha praquele país."

Embora pareça evidente que o fantasma aqui é o da ditadura militar ("Toda a noite o meu corpo será teu./Eles vêm buscar-me na manhã aberta/a prova mais certa que não amanheceu. Não amanheceu, menina/Não amanheceu, ainda"), Belchior fala sempre do autoexílio com profundo conhecimento de causa.

O ensaísta e poeta mexicano Octavio Paz assinalou o período de silêncio de Marcel Duchamp como um dos aspectos mais relevantes de sua obra. "Picasso tornou visível o nosso século; Duchamp nos mostrou que todas as artes, sem excluir as dos olhos, nascem e terminam em uma zona invisível. À lucidez do instinto opôs o instinto da lucidez: o invisível não é obscuro nem misterioso, é transparente", escreveu ele em *Marcel Duchamp e o Castelo da Pureza*.

Em 1879, o poeta simbolista francês Arthur Rimbaud, após ter revolucionado a poesia em sua língua, abandonou sua pátria e tornou-se um comerciante de armas e café no norte da África. Há mais de um século o mundo se pergunta o que motivou Rimbaud a romper com todo o conforto de uma vida cheia de vantagens e enfiar-se na África até morrer com uma perna decepada e câncer. Camus escreveu sobre isso em *O homem revoltado*. O próprio Rimbaud abordou de alguma forma o assunto. "Abandonei a vida comum", escreveu ele a um amigo.

Rimbaud e o seu poema "Canção da torre mais alta" foram citados por Belchior em uma de suas canções, "Os profissionais", de 1988. "Por delicadeza, eu perdi minha vida", escreveu Rimbaud. Belchior acrescentou um "também": "Por delicadeza, eu também perdi minha vida".

Outro texto de Rimbaud, o clássico "Uma estação no inferno", é referido em "Baihuno", de 1993. O mesmo Rimbaud é citado nominalmente na canção "Os derradeiros moicanos", numa fusão de seu nome com o do também poeta Charles Baudelaire, cuja obra mais famosa, *As flores do mal*, é de novo evocada em "Vício elegante".

Sumir não é algo tão raro no mundo do pop. Em 1995, Richey Edwards, da banda galesa Manic Street Preachers, retirou 2 800 dólares de sua conta no banco (sacava cem por dia durante algumas semanas). Ele colocou seus livros em uma sacola, pegou um ônibus e desapareceu. Há quem diga que o viu se jogando de uma ponte em Cardiff. Há quem o tenha encontrado em Goa, na Índia, e nas ilhas de Fuerteventura e Lanzarote.

Em maio de 2016, a cantora irlandesa Sinnead O'Connor saiu pedalando uma bicicleta motorizada e ficou desaparecida por uns dias em Chicago, até ser encontrada pela polícia num subúrbio da cidade.

Houve ainda o caso do escritor americano Ambrose Bierce, que, no auge do seu prestígio, em 1914, abandonou tudo e contam que se alistou nas tropas de Pancho Villa, morrendo em combate no México.

Há muitos exemplos de ruptura com uma persona artística, mas o que mais se aproxima do caso de Belchior parece ser o de Geraldo Vandré, que era, por sinal, amigo e confidente do cearense. Vandré escapou da ditadura no fim dos anos 1960 e nunca mais voltou a ser Geraldo Vandré. Vive de uma aposentadoria modesta e esgueira-se pelas cidades grandes, São Paulo e Rio de Janeiro, mas há uma curiosa diferença: Vandré nunca abandonou a família e sua persona civil, por assim dizer. Manteve a gestão de sua vida pessoal e recusou uma pensão como vítima da ditadura militar.

Parece, no entanto, que o caso Belchior é único. Ele abandonou toda a sua existência anterior, como os citados, mas não apenas deixou de olhar para trás: ele praticamente apagou, durante dez anos, todas as suas memórias afetivas. "Você sempre será meu pai, e eu sempre serei seu filho", disse-lhe o filho, Mikael, em São Paulo, ao lhe dar o último abraço por volta de 2007.

Há muitas pessoas, algumas até próximas, que definem seu percurso como um caminho deliberado de autodestruição. Outros enxergam componentes patológicos em seu comportamento. Alguns dos seus melhores amigos acreditam que ele sofria de transtorno bipolar. Tudo isso o torna alvo de curioso tribunal de Sadios & Sãos, um júri do tipo daquele que é descrito por Albert Camus em *O estrangeiro*: Meursault, o anti-herói de Camus, por demonstrar apatia em vez de abatimento no funeral da mãe, é considerado frio e calculista, e isso é usado como agravante no julgamento.

A história de Meursault, sujeito incapaz de demonstrar laços afetivos e emoções no seu dia a dia, virou referência do existencialismo. A história de Belchior está sentada em um tribunal aberto, com os depoimentos ainda frescos se alternando na frente dos juízes.

Barbosa Coutinho, que conheceu a turma de Fortaleza quando tinha dez anos e que se tornaria o psicanalista que o cantor imortalizou na canção "Divina comédia humana", lamentava não ter podido se antecipar ao destino de Belchior como deveria.

Em meados dos anos 1990, Barbosa Coutinho deu a Belchior todos os volumes da obra completa de Sigmund Freud, chamando a atenção para um trecho que tratava dos "delírios lindíssimos" de um paciente de Freud, Paul Schreber, juiz presidente da corte de apelação de Dresden. Esse paciente escrevera um livro com a narrativa de todo o seu processo psicótico ao ser internado numa clínica da Universidade de Leipzig.

Ao tomar conhecimento dessas memórias em 1911, Sigmund Freud transformou-as em objeto de um dos grandes estudos existentes sobre a paranoia. Dessa maneira, Schreber passou a ser visto como um dos loucos mais famosos de que se tem conhecimento. Belchior ficou fascinado pela história e ligou para Barbosa Coutinho alguns dias depois dizendo que Freud era impressionante, mas queria saber como conseguiria ler o diário de Schreber.

Barbosa Coutinho disse que uma conhecida sua de São Paulo, Marilene Carone, tinha traduzido o livro de Schreber, que ele conseguiria encontrar com facilidade. Belchior mergulhou com avidez no relato de Schreber. "Ele ficou encantado. Porque o maluco do Schreber constrói um delírio de que estão querendo transformar o corpo dele em um corpo de uma mulher. E atribui isso a Satanás. Mas, depois, quando se agrava a doença, ele começa a dizer que é obra de Deus", resume Coutinho com um sorriso divertido, sentado em seu amplo consultório de psicanálise em Fortaleza, de divãs de design clássico, falando pela primeira vez da amizade de tantos anos.

Freud interpretou o delírio de Schreber como tendo, em sua origem, o desejo homossexual passivo de Schreber em relação ao pai. Ao final, Schreber pacifica seu sofrimento delirante dizendo que raios de Deus entrarão no seu corpo. E o corpo dele, com os raios de Deus, formará uma nova geração. Filhos sairão do corpo dele, que, naquele momento, foi transformado por Deus em um corpo de mulher.

Freud especula que o pai de Schreber teria componentes autoritários e sádicos. E também que Schreber poderia ter tido um irmão mais velho que morrera muito jovem. E, de fato, após certa apuração, descobriu-se que as duas coisas eram verdadeiras. O pai de Schreber era um médico que inventara uns aparelhos ortopédicos fundamentados no suplício do paciente para corrigir defeitos ósseos.

"Quando vejo essa interpretação do Freud sobre Schreber, reforço a minha interpretação sobre o Belchior, de que a centralidade da psicologia dele tem na raiz aquela profunda dificuldade de construir a identidade em uma família numerosíssima como a dele. Porque não tinha mãe para 23 filhos. Não tinha pai para 23 filhos."

A tese de Barbosa Coutinho é que Belchior, no fechar das cortinas, alcançou, afinal, o seu sonho de criança: tornou-se uma espécie de santo radical como aqueles que ele cortejava na Bíblia, "santos que comiam a pele dos doentes para mostrar sua capacidade de pureza". Nada teria sido mais decisivo na vida de Belchior, diz o analista, do que a impossibilidade de construir uma identidade naquelas circunstâncias de sua infância, sendo um a mais entre 23 irmãos, buscando desesperadamente a singularidade.

A análise de Barbosa Coutinho é boa, e encontra até signos de reiteração entre as pegadas do artista em sua derradeira fuga. Símbolos como o último manuscrito que Belchior deixou no mosteiro da Santíssima Trindade, no Rio Grande do Sul, com sua caligrafia refinada reproduzindo um trecho do poema "Vivo Sin vivir en mi", de Santa Teresa de Ávila (o manuscrito foi um presente para a freira Teresa Paula, de 87 anos, uma lembrança de sua passagem):

Vivo sem viver em mim,
e tão alta vida espero,
que morro porque não morro.

"Ele tinha um lado São Francisco misturado com uns diabinhos", brinca o amigo Fausto Nilo. É uma necessidade que o ser humano tem, de que esse real da vida possa se dar um tempo e imaginar as coisas de outra maneira. Essa é a função dos artistas. Eles precisam disso. E o povo também precisa disso. "Acredito, como Scott Fitzgerald, que a melhor fuga é sem volta", diz o maranhense Zeca Baleiro, endossando a ruptura definitiva de Belchior.

Deixando a profundidade de lado, o fato é que o Ceará e o Brasil reservaram alguns dias atentos (e talvez alguns anos, e talvez até algumas décadas, e quem sabe quanto mais?) para ouvir de novo as canções daquele rapaz educado e de sorriso falsamente tímido que se despedia das pessoas que lhe pediam autógrafos com um verso cúmplice. E um texto ao qual sempre acrescentava, no fim: "Abraços & canções. Belchior."

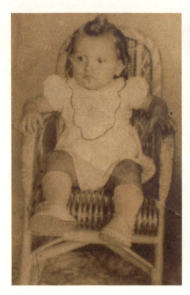 

[na página anterior] Belchior durante show em Porto Alegre em 20 de março de 1980.

Belchior com 1 ano de idade.

Belchior durante a primeira comunhão.

Belchior com o pai e com a mãe.

Hélio Rodrigues, Lucas, filho de Hélio, Angela Belchior e os filhos Camila e Mikael, Belchior e Cely Dantas, 1982.

Belchior (acima, o quarto da esquerda para a direita)
no mosteiro no dia em que o presidente
Castelo Branco visitou os monges, em 1965.

O filósofo Augusto Pontes, guru do pessoal do Ceará.

Desenho de Fausto Nilo feito no bar do Anisio, em 1971.
Da esquerda para a direita: Alba, Belchior, Petrucio Maia
e Augusto Pontes.

Belchior em São Paulo em 1973. A partir do ano seguinte, ele passaria a cultivar o bigodão.

Jorge Mello, Gonzaga Vasconcellos e Belchior no programa da TV Ceará, *Gente que a Gente Gosta*.

Galba Gomes e Belchior no Corcovado, em 1970.

Belchior celebrizou-se por apresentações acústicas enérgicas, sozinho ou com um guitarrista, mas também fazia playback sem problemas.

Ednardo, cabeludo, Rodger Rogério, ao centro, e músicos no estúdio durante gravação do disco *Massafeira*, em 1979.

Belchior na noite em que venceu o Festival Universitário da Record, em 1971.

Foto num bar em Copacabana após a noite do festival. Fausto Nilo à esquerda atrás, o poeta Sergio Costa, Belchior e Fagner.

O pessoal do Ceará em 1971: Jorge Mello, Wilson Cirino, Belchior, Fagner, Sergio Costa, Luiz Fiuza e Fausto Nilo.

Rodger e Téti durante a gravação do disco *Massafeira*, no Rio de Janeiro, em 1979.

Belchior com fãs (acima) e no palco (abaixo) em São José dos Campos, durante a Semana Cassiano Ricardo, em 1977.

Belchior e Jorge Mello, um de seus amigos
mais próximos desde 1967.

Belchior em São Paulo, em 1986.

Comício das Diretas Já na Praça da Sé, em São Paulo, em 1984.
Belchior está entre FHC e Sônia Braga.

Belchior, Ednardo e Amelinha durante a gravação do disco *Pessoal do Ceará*.

Belchior no Sul: brincando de gato e rato com a imprensa.

Durante show em Brasília, em 9 de outubro de 1999, Belchior encarna um Pantera Negra.

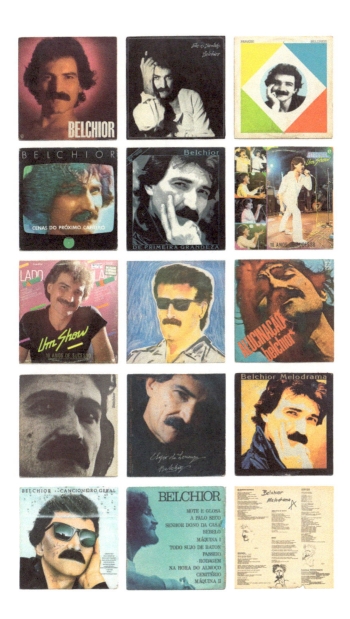

Uma amostra das capas de disco de Belchior:
de músico rebelde a símbolo sexual.

Arnaldo Parron (bateria), Leo Zurawski (sax), Glauco Sagebin (teclado), Sergio Zurawski (guitarra) e João Mourão (baixista, à frente), a Banda Radar, com Belchior.

Belchior ladeado pelos seus escudeiros mais fieis, Sergio Zurawski (esquerda, guitarra) e João Mourão (direita, baixo).

[acima e na página seguinte]
Belchior, clicado por Bob Wolfenson em 1977.

Discografia

DISCOGRAFIA OFICIAL		
Álbum – Formato	**Gravadora**	**Ano**
Mote e glosa – LP/K7 *Mote e glosa* – CD	Chantecler Continental	1974 2000
Alucinação – LP/K7 *Alucinação* – CD *Alucinação* – CD (remasterizado)	Polygram/Philips Polygram/Philips Universal Music	1976 1989 2016
Coração selvagem – LP/K7 *Coração selvagem* – CD	Warner Warner	1977 1990
Todos os sentidos – LP/K7 *Todos os sentidos* – CD	Warner Warner	1978 1998
Era uma vez um homem e o seu tempo/Medo de avião – LP/K7 *Era uma vez um homem e o seu tempo/Medo de avião* – CD	Warner Warner Arquivos	1979 1998
Objeto direto – LP/K7	Warner	1980
Paraíso – LP/K7	Warner	1982
Cenas do próximo capítulo – LP/K7 *Cenas do próximo capítulo* – CD *Cenas do próximo capítulo* – K7	Paraíso/Odeon Camerati (Relançamento) Camerati	1984 1996 1998

Melodrama – LP/K7 *Melodrama* – Download e streaming	Polygram Universal Music	1987 2016
Elogio da loucura – LP/K7 *Elogio da loucura* – Download e streaming	Polygram Universal Music	1988 2016
Eldorado (Belchior em espanhol com Eduardo Larbanois e Mario Carrero) – CD/K7	Movie Play	1993
Bahiuno – CD	MoviePlay	1993
Vício elegante – CD	Paraíso/GPA/ Velas/Ouver Records	1996
Belchior (La vida es sueno) – CD	Camerati (Relançamento)/ Ouver Records	1997
Autorretrato – CD CD I – *Pequeno perfil de um cidadão comum* CD 2 – *Pequeno mapa do tempo*	BMG	1999

COLETÂNEAS		
Álbum – Formato	**Gravadora**	**Ano**
Belchior – LP/K7	Aplauso	1979
O melhor de Belchior – LP	Warner	1981
Um show (10 anos de sucesso) – LP/K7	Continental	1986
Trilhas sonoras (Ao vivo) – LP/K7	Continental	1990
Grandes sucessos de Belchior (Antologia) – LP/K7 *Grandes sucessos de Belchior* (Antologia) – CD	Som Livre Gala	1990 1996

Projeto fanzine – LP/K7 *Projeto fanzine* – CD	Warner Warner	1991
Divina comédia humana – CD	Movie Play	1991
Cancioneiro geral – Ilustres desconhecidos – LP	Paraíso	1991
Contradança (Acústico) – LP *Contradança* (Acústico) – CD	Paraíso	1992
Personalidade – LP/K7 *Personalidade* – CD	Polygram	1992
Cancioneiro geral – Vol. 1 Vários intérpretes – CD	Camerati	1992
Geração pop – LP/CD/K7	Warner	1993
Minha história – LP/CD/K7	Polygram/Philips	1994
Acústico (Um concerto bárbaro) – CD/K7	Polygram	1995
Apenas um rapaz latino-americano – CD	Continental	1995
Belchior AO VIVO Acústico (Um concerto bárbaro)/ Millenium – Shows do século XX – CD	Universal Music	1995
2 é demais! 2 LPs em 1 CD! Belchior (volume 1) Músicas dos LPs *Coração selvagem* (1977) e *Medo de avião* (1979) – CD	WEA	1996
2 é demais! 2 LPs em 1 CD! Belchior (volume 2) Músicas dos LPs *Todos os sentidos* (1978) e *Objeto direto* (1980) – CD	WEA	1998
MÚSICA – O melhor da música de Belchior – CD	WEA	1998
Belchior (Millenium – 20 músicas do século XX) – CD	Polygram	1998

Antologia lírica (Produzido especialmente para a Casa de Cultura de Sobral – CE) – CD	Camerati	1999
Série Dois Momentos/vol. 13 *Belchior* (1974) – CD *Belchior* (1979) – CD	WEA	2000
Enciclopédia musical brasileira – CD	WEA	2000
Sem limite (2 CDs 30 sucessos)	Universal Music	2001
Belchior (Música com Qualidade) – CD	Warner 25 anos	2001
Belchior 25 anos de sonho, de sangue e de América do Sul – CD	Camerati/Ouver Records	2001
Belchior (Coleção Obras-Primas) – CD	Polygram	2002
Um concerto a palo seco: Belchior e Gilvan de Oliveira – CD	Camerati	1999
Belchior acústico (Violão: Gilvan de Oliveira) – CD	Arlequim Discos	2005
Belchior Novo Millenium/ 20 músicas para uma nova era (Repertório atualizado) – CD	Universal Music	2005

PARTICIPAÇÕES EM DISCOS COLETIVOS		
Álbum – Formato	**Gravadora**	**Ano**
A grande parada Brasil (Enzo de Almeida Passos) – LP/K7	GTA	1977
Soro – LP Gravação: Belchior e Fagner	EPIC/CBS – Rio	1979
Massafeira Livre – LP	EPIC/CBS	1980
O melhor de: Tim Maia, Raul Seixas e Belchior – K7	CBS – Rio	1979

Fagner e Belchior (Juntos) – LP/K7	Phonodisc/ Continental	1980
Pessoal do Ceará (Aquele flash!) – LP/K7	Paraíso Discos/ MusiColor/ Continental LP	1986
Juntos (Geraldo Vandré, Vicente Barreto, Alceu Valença, Belchior e Tom Zé) – LP/K7	Phonodisc/ Continental	1988
Jobim em vários tons – CD	Movie Play	1995
Fagner e Belchior (*O melhor de 2*/ 2 CDs 28 sucessos) – CD	Universal Music	2000
Bem te vi (Mário Luiz Thompson) – DVD	Bem Te Vi	2001
Ednardo, Amelinha e Belchior (Pessoal do Ceará) – CD	Warner	2002

PARTICIPAÇÕES EM ÁLBUNS DE OUTROS INTÉRPRETES		
Álbum – Formato	**Gravadora**	**Ano**
Mensagem (Poemas de Fernando Pessoa) – LP	Gradiente/ Eldorado	1986
Vidro e aço (Aparecida Silvino) – LP	Independente	1992
Aprendiz (Edmar Gonçalves) – LP	Independente	1992/1993
Única pessoa (Ednardo) – CD	GPA Music	2000
O grande encontro III – CD/DVD	BMG	Gravado em 5 set. 2000

In natura (Ricardo Bacelar) – CD	GPA Música/ Ouver Records	2001
Canções (Nonato Luiz) – CD	Modo Maior	2003
Zé Ramalho (*Duetos*) – CD	Sony & BMG	2004

EDIÇÕES ESPECIAIS		
Álbum – Formato	Gravadora	Ano
Belchior (*Cancioneiro geral*) – livreto + 3 K7s: *Cenas do próximo capítulo, La vida es sueno, Ilustres desconhecidos*	Paraíso Discos	1984 (relança- mento em 1995)
As várias caras de Drummond – 2 CDs, 31 poemas musicados + 31 gravuras de Carlos Drummond de Andrade. Concepção artística de Belchior.	Editora Caras/ Arlequim	jan. 2004

Referências bibliográficas

Livros

ANDRADE, Carlos Drummond de. *Alguma poesia*. São Paulo: Companhia das Letras, 2013.

ANDRADE, Mário de. *Música, doce música*. São Paulo: Livraria Martins, 1963.

ARAÚJO, Paulo Cesar de. *Roberto Carlos em detalhes*. São Paulo: Planeta, 2006.

ASSUNÇÃO, Ademir. *Faróis no caos*. São Paulo: Edições Sesc, 2012.

BARCINSKI, André. *Pavões misteriosos*. São Paulo: Três Estrelas, 2014.

BRANDÃO, Ambrósio Fernandes. *Diálogo das grandezas do Brasil*. Recife: Fundação Joaquim Nabuco, 1997.

CARLOS, Josely Teixeira. *Fosse um Chico, um Gil, um Caetano:* uma análise retórico-discursiva das relações polêmicas na construção da identidade do cancionista Belchior. São Paulo: FFLCH-USP, 2014. 690 pp. Tese (Doutorado em Letras).

DUARTE, Dogival. *Poemas da terra*. Porto Alegre: São Luis, 1986.

DYLAN, Bob. *Crônicas*. São Paulo: Planeta, 2005.

_____. *The Brazil Series:* with Contributions by John Elderfield and Kasper Monrad. Munique: Prestel, 2010.

EDNARDO, J. (Org.). *Massafeira 30 anos – som, imagem, movimento, gente*. Fortaleza: Aura Edições Musicais, 2010. (Livro + CD duplo)

ENCICLOPÉDIA da Música Brasileira – Erudita, Folclórica, Popular. São Paulo: Itaú Cultural, 1998.

FREITAS, Mariano. *Nós, os estudantes*. Fortaleza: Livro Técnico, 2002.

JOHNSON, Paul. *Modern Times:* the World from the Twenties to the Nineties. Nova York: Harper Perennial Modern Classics, 2001.

RENNÓ, Carlos (Org.). *Gilberto Gil:* todas as letras. São Paulo: Companhia das Letras, 1996.

RESENDE, Garcia de. *Cancioneiro geral*. Lisboa: Imprensa Nacional – Casa da Moeda, 1990.

ROGÉRIO, Pedro. *Pessoal do Ceará:* habitus e campo musical na década de 1970. Fortaleza: Universidade Federal do Ceará, 2008.

SANCHES, Pedro Alexandre. *Como dois e dois são cinco:* Roberto Carlos & Erasmo & Wanderléa. São Paulo: Boitempo, 2004.

SCHREBER, Daniel Paul. *Memórias de um doente dos nervos.* São Paulo: Paz e Terra, 1995.

ROTERDÃ, Erasmo de. *Elogio da loucura.* São Paulo: Martin Claret, 2012.

THE BEATLES. *Antologia.* São Paulo: Cosac & Naify, 2001.

WAGNER, Castro. *No tom da canção cearense:* do rádio e tv, dos lares e bares na era dos festivais (1963-1979). Fortaleza: Edições UFC, 2008.

Artigos, reportagens e entrevistas

"Agora, topo qualquer parada". *Pop*, mar. 1976. (Entrevista de Elis Regina).

"Alucinação". *Pop*, jul. 1976.

"Belchior apresenta seu novo show hoje em Campinas". *Folha de S. Paulo*, 18 maio 1994.

"Belchior canta seu 'Autorretrato'". *Folha de S. Paulo*, 23 maio 2002.

"Belchior 'como o diabo gosta'". *Música*, set. 1979.

"Belchior: mote e glosa de um vaqueiro". *Folha de S.Paulo*, 23 abr. 1974.

"Belchior". *Música*, ago. 1976.

"Belchior ocupado até 1979". *Música*, ago. 1978.

"Belchior provoca tumulto". *Pop*, out. 1977.

"Belchior: sem medo do perigo". *Revista Pop*, mar. 1976.

"Belchior: um show a palo seco, sem sal de frutas".

BORTOLOTI, Marcelo. "A divina tragédia de Belchior". *Época*, 2013.

"Caetano fala de novo em Fortaleza". *Folha de S.Paulo*, 15 maio 1979.

CECÍLIA, Maria; BEZERRA, Chico. "O meu trabalho se completa no palco". *Música*, pp.18-21, 1978.

ESSINGER, Silvio. " 'Autorretrato' exibe sucessos de Belchior". *Jornal do Brasil*, 23 set. 1999.

HOLANDA, Camila; COSTA, Isabel; SAMPAIO, Marcos et al. "Belchior 70 anos de vida e poesia". *O Povo*, 26 out. 2016.

JACOBSEN, Gabriel; AZEVEDO, Jimmy. "Duas noites com Antônio e Belchior no Bom Fim". *Correio do Povo*, 11 jan. 2013.

JAGUAR; RICKY; ZAGER, Haroldo; TERESA, Mara. "Entrevista de Belchior ao jornal *O Pasquim*". *O Pasquim*. Rio de Janeiro, pp.8-11, jun. 1982.

JORGE, Ricardo. "Belchior aposta tudo no poder da palavra". *O Povo*, 17 nov. 1993.

"Lançamentos". *Música*, jul. 1978.

LOURES, Alexandre. "Belchior lança discos só com regravações". *Folha de S.Paulo*, 18 maio 1997.

MASSON, Celso. "Belchior – Você viu este homem?". *Época*, 31 ago. 2009.

MEDEIROS, Jotabê. "Belchior vê suas 40 faces em show e exposição". *O Estado de S. Paulo*, 18 nov. 1999.

MELITO, Leandro. "Belchior 70 anos". *Empresa Brasil de Comunicação*, 26 out. 2016.

MENEZES, Thales de. "Nos anos 80, Belchior ilustrava sem pressa a 'Divina Comédia'". *Folha de S.Paulo*, Ilustrada. 30 abr. 2017.

MORAES, R. de; CAMBARÁ, I. "E os cearenses tornaram-se moda em 76". *Folha de S.Paulo*, 31 jul. 1976.

MOURA, Dawlton. "Apenas um rapaz americano". *Diário do Nordeste*, 12 jun. 2005.

NEVES, Ezequiel. *Pop*, jun. 1976.

"O cabra cantador". *Veja*, 15 de jan. 1986.

PENIDO, José Márcio. "Empolgante Elis". *Veja*, 24 dez. 1975.

_____; ZWETSCH, Valdir. "O provocador". *Veja*, 23 mar. 1976.

REIS, Aloysio. "Alucinação". *Jornal de Música*, jan. 1977.

"R. Fagner: 'Sou o artista mais consciente do País'". *Folha de S. Paulo*, 21 maio 1979.

SANCHES, Pedro Alexandre. "Belchior volta vestido em roupa nova". *Folha de S.Paulo*, 24 set. 1999.

"Selvagem, sensual. É o novo Belchior". *Pop*, jul. 1978.

SOUZA, Tárik de. "Cruamente". *Veja*, p. 86, 31 mar. 1976.

_____."Um cearense bem-sucedido". *Jornal do Brasil*, 3 fev. 2004.

VELOSO, Caetano. "Canções de Belchior não são das que morrem". *O Estado de S. Paulo*, 1 maio. 2017.

_____."Caetano Veloso x Lobão". *Trip*, jul. 2001.

WOLFENSON, Silvia. "Ao sucesso com Belchior". *Jornal de Música*, ago. 1977.

Índice onomástico

IV Festival da Música Popular do Ceará (1968), 36

IV Festival Universitário da TV Tupi (1971), 41-2, 67, 113

V Festival Universitário da TV Tupi (1972), 79-80

"1992 (Quinhentos años de quê?)" (canção), 136

A

"A palo seco" (canção), 52, 59, 84, 92, 146, 148

AABB (Associação Atlética Banco do Brasil de Fortaleza), 146

Abreu, Caio Fernando, 170

Abreu, Capistrano de, 122

Abujamra, André, 146

Acaraú, rio, 21-2

África, 21, 188

"Aguapé" (canção), 79

Aguilar, José Roberto, 126-7

Aguillar (cantor), 123

Ainda somos os mesmos (álbum coletivo), 176

Álbum branco (LP dos Beatles), 116

Aldo Luiz, 83

"Alegoria das aves" (canção), 51

Alemanha, 157

Alencar, José de, 28

Alguma poesia (Drummond), 157

"Aliás" (canção), 140

"Almanaque" (canção), 140

Alucinação (LP de Belchior), 54, 78, 81-3, 85-6, 91-2, 94, 96, 100-1, 104--5, 107-8, 115, 132, 148, 153, 170, 176

"Alucinação" (canção), 81, 84-5, 102, 146

Aluizio Júnior (Juninho, 62-3)

Alves, Lúcio, 44

Amado, Jorge, 163

Amazônia, 130

Amelinha, 34-5, 37-8, 42, 54, 68-9, 72, 75-6, 134, 172

Amigos novos e antigos (LP de Vanusa), 102

"Amor de perdição" (canção), 110

Ancara (Turquia), 129, 131

Andrade, Leny, 114

Andrade, Marcus Vinicius, 56-8, 60, 64

Andrade, Mário de, 52

Antonio Brasileiro, 123

Antonio Marcos, 183

Antunes, Arnaldo, 126

"Aparências enganam, As" (canção), 90

"Aparências" (canção), 140

"Apenas um rapaz latino-americano" (canção), 81-3, 91, 108, 146, 148, 177, 183-4

Apokalypsis (banda de rock), 56

Araçá azul (LP de Caetano Veloso), 114

Arantes, Guilherme, 122

Araraquara (SP), 155

Araripe, Tiago, 116

Araújo, Edna Assunção de, 136, 151-3, 160, 163, 165, 167-9, 171-9, 184-5

Araújo, Tânia, 41

Arkansas (EUA), 133

"Arlinda mulher, Uma" (canção), 54

ARP2500 (sintetizador), 62

Artigas (Uruguai), 162, 165

Assis, Machado de, 28

"Assum Preto" (canção), 91

Assunção, Ademir, 124, 127

Augusto, Nelson, 181

Autorretrato (CD de Belchior), 146, 154-5

Azevedo, Geraldo, 71, 108, 151

Azevedo, Jimmy, 168, 170-1

B

Baby do Brasil, 101

"Baby" (canção), 84

Bacelar, Ricardo, 140

Bacon, Francis, 153

Baez, Joan, 165

Baggios, The, 176

Bahia, 77

Bahiuno (CD de Belchior), 135

"Baião" (canção), 170

Baihuno (LP de Belchior), 79, 188

Bakunin, Mikhail, 106

Banco do Brasil, 163

Banda Black Rio, 102

Banda Performática, 123, 126

Bandeira, Manuel, 169

Bar do Anísio (Praia do Mucuripe), 34-41

Barão Vermelho (banda), 124

Barbalha (CE), 146

Barbosa, Adoniran, 65

Bardotti, Sergio, 103

Barnabé, Arrigo, 124

Barreto, Nini, 93

Barros, Paulo César, 92

Bastos, Othon, 66

Batista (colega de Belchior), 40

Batista, Amado, 164

Batista, Antonio Severiano *ver* Tota (artista plástico)

Batista, Cláudio Pereira (Baiano), 178

Baudelaire, Charles, 188

Beatles, 33, 77, 81, 84, 91, 116

"Bebelo" (canção), 57

Bebeto (jogador), 97

"Beijo Molhado" (canção), 27, 133, 136

"Beira-Mar" (canção), 41

Belchior & Larbanois-Carrero (CD), 135

Belchior Fernandes, Otávio (pai de Belchior), 22, 24-7, 29, 180, 183; *ver também* Fernandes, Dolores (mãe de Belchior)

Belchior, Ângela (irmã de Belchior), 25, 154, 184-5

Belchior, Angela Margaret Henman (ex-esposa de Belchior), 87-8, 95-6, 99, 103-4, 115, 139, 141, 142, 145, 154, 159

Belchior, Camila Henman (filha de Belchior e Angela), 96-8, 145, 154-5, 159-60

Belchior, Clementina, 25, 32, 183

Belchior, Emília, 25

Belchior, Francisco Gilberto, 25, 164, 185-6

Belchior, José Nilo, 25

Belchior, José Osmani, 24

Belchior, Lílian, 25, 184

Belchior, Marcelo, 25

Belchior, Maria Emília, 25

Belchior, Maria Marfisa, 25, 180
Belchior, Mikael Henman (filho de Belchior e Angela), 96-8, 154, 159, 189
Belchior, Natalina, 25
Belchior, Nilson, 22-4, 28
Belchior, Otávio Jr., 25
Belchior, Vannick (filha de Belchior e Vilédia), 141, 142
Belchior, Wilson, 24-5, 186
Belém (PA), 42
"Bel-prazer" (canção), 112
Benício, Aristênio, 182
Benito di Paula, 103
Bennett, Tony, 153
Bérgamo (fábrica de móveis), 43
Bérgamo, Antonieta, 63
Berlim, 157
Bertioga (SP), 95
Bertrami, José Roberto, 92
Beyoncé, 115
Bezerra, Hermínio, Frei, 15, 19
Bezerra, Ricardo, 41, 68
Bíblia, 27, 113, 191
Bicho (LP de Caetano Veloso), 114-5
Bierce, Ambrose, 188
Bitches Brew (LP de Miles Davis), 123
"Blackbird" (canção), 91
Blanc, Aldir, 77
"Blowin' in the wind" (canção), 143, 149
Blumenau (SC), 134
Bodas de sangue (García Lorca), 119
Bogart, Humphrey, 143
Bohn, Aloísio Sinésio, d., 173
Bom Fim (Porto Alegre), 169-71
Bon Jovi, 123
Bonequinha de luxo (filme), 101
Bonnie & Clyde (filme), 167
Borghetti, Renato, 135
Bosco, João, 77, 114

Boteco do Arlindo (Fortaleza), 181
Boulez, Pierre, 58
Bowie, David, 153
Boyadjian, Boghos, 30
Bozzano, Damião de, Frei, 13
Brandão, Ambrósio Fernandes, 122
Braque, Georges, 154
Brasil, 13, 21, 54, 61, 86, 97-8, 113, 120, 122, 131, 133-4, 149, 152, 157, 162, 164-5, 192
"Brasileiramente linda" (canção), 110, 115, 127
Brasília, 70, 82, 169, 172
Buarque, Chico, 44, 53, 65, 78, 92, 110, 134, 137, 140
"Bucaneira" (canção), 133
Bueno, Fernanda, 182
Burgess, Anthony, 85
Burgos, Maria da Graça Costa Pena *ver* Costa, Gal
Byrds, The, 144

C

Cabral de Melo Neto, João, 42, 44, 57, 59, 148
Cabral, Jorge Cláudio de Almeida, 171-2
Caceres, Gloria Miranda, 173
Cachoeira do Sul (RS), 179
Cactus (grupo estudantil), 39
Caétano, César, 162
Caio Silvio, 72, 77
Calasans Neto, 163
Calcanhoto, Adriana, 140
Câmara Cascudo, Luís da, 52
Camargo Mariano, Cesar, 87-8
Camões, Luís de, 15
Campina Grande (PB), 60
Campo Belo (São Paulo), 98, 132, 156

Campo de trigo com corvos (pintura de Van Gogh), 97
Campos, Augusto de, 147
Campos, Cidinha, 41, 48
Campos, Moreira, 82
Camus, Albert, 188-9
"Canção da Torre Mais Alta" (Rimbaud), 188
Cancioneiro geral (LP de Belchior), 133
Canela (RS), 164
Canoura, Laura, 135
Cântico dos Cânticos, O (livro da Bíblia), 113
Cânticos espirituais (São João da Cruz), 23
Capelo Filho, José Pepe, 66
Capote, Truman, 101
"Caravelas" (canção), 108
Cardoso, Sérgio, 156
Cariry, Rosemberg, 151
Carlini, Luiz, 131
Carlos Imperial, 43
Carone, Marilene, 190
Carrero, Mario, 136, 147
Cartola, 58
Carvalho, Eleazar de, 181
Carvalho, Guti, 140
Casa de Bernarda Alba, A (Lorca), 119
Casaverde, Francisco, 72, 77, 79, 110, 144, 148
"Caso Comum de Trânsito" (canção), 105, 187
Castelo Branco, Camilo, 27, 28
Castelo Branco, Humberto de Alencar, marechal, 17
Castro, Wagner, 36
Cavalcanti, Flávio, 120
"Cavalo Ferro" (canção), 41, 108
Caxias do Sul (RS), 161
Cazuza, 124
CBS (gravadora), 71, 74-5

Ceará, 12-3, 15-6, 21, 23, 27, 35-6, 38-40, 48-9, 67, 69, 73, 77, 80, 83, 138, 141, 146-7, 154, 156, 159-60, 164, 181-2, 186, 192
Cego Aderaldo, 44
"Cemitério" (canção), 60
Cenas do próximo capítulo (LP de Belchior), 53, 128, 133, 137, 143
Centro Cultural Dragão do Mar (Fortaleza), 179, 182-3
Centro Cultural São Paulo, 100
Centro Narayana (Bertioga), 95
Centro Popular de Cultura (Rio de Janeiro), 39
Chantecler (gravadora), 57, 60, 84
Chantlin, Bill, 109
"Chão sagrado" (canção), 73
Charles, Ray, 44
Chicago, 188
Chico Antônio (embolador potiguar), 52
Chico Batera, 102
Chile, 59
Chiquinho do Acordeon, 102
Cícero, padre, 181
Cigarra (LP de Simone), 120
Cinquetti, Gigliola, 103, 104
Cirino, Wilson, 35, 45-6, 67, 71
Clara Crocodilo (LP de Arrigo Barnabé), 124
Clube da Esquina, 71, 73
Cobham, Billy, 123
Código 13 (rapper), 128
Coelho, Thomaz, 186
Cohn-Bendit, Daniel, 32
Colégio Estadual Liceu do Ceará (Fortaleza), 27-9
Colégio Mackenzie (São Paulo), 63
Colégio Santo Inácio (Fortaleza), 33, 78
Colégio Sobralense, 22, 160

Collares, Amélia Cláudia Garcia *ver* Amelinha
Collins, Phil, 122
Colonia del Sacramento (Uruguai), 162, 163
"Comentário a respeito de John" (canção), 115-6, 128, 136, 146, 148
"Como Nossos Pais" (canção), 43, 86, 88, 90-1, 135, 143, 146, 148, 183
"Como o diabo gosta" (canção), 85, 92
"Como se fosse pecado" (canção), 112
Companhia de Jesus, 34
Conan Doyle, Arthur, 161
Concílio Vaticano II, 32
"Congresso internacional do medo" (Drummond), 46
"Conheço o meu lugar" (canção), 119
Conservatório Villa Lobos (Rio de Janeiro), 58
"Construção" (canção), 65
Continental (gravadora), 41, 60, 72, 74
Copa do Mundo (1994), 97
Copacabana (gravadora), 49
Copacabana (Rio de Janeiro), 45, 48-9, 76
Coração selvagem (LP de Belchior), 19, 92, 100-2, 104-5, 107, 109--10, 114-5
"Coração selvagem" (canção), 146
Coreaú (CE), 24, 26
"Corpos Terrestres" (canção), 113, 144
Correio do Povo, 170
Cortesini, Ariovaldo, 92
Corvo, O (Poe), 91
Coser, Paulo, 165
Costa, Eugênio Leandro, 146-7
Costa, Gal, 45, 84, 91
Costa, Letícia, 167
Costa, Wagner, 72
Costta, Paulo, 116-7

Couple Coffee (grupo), 129
Coutinho, Barbosa, 27-8, 30, 189-91
Crateús (CE), 185
Cruz e Souza, 147
Cruzeiro, O (revista), 49
Cubatão (SP), 66
Curi, Ivon, 41
Curitiba (PR), 128

D

Dadá Maravilha, 22
Damião, Frei, 13, 14
Dancin' days (telenovela), 105
"Dandy" (canção), 132
Dantas, Eugênio, 21-2
Dante Alighieri, 19, 157, 186
"Danúbio Azul" (valsa de Strauss), 118
Davis, Miles, 109, 123
"De Primeira Grandeza" (canção), 132-3
De volta para o futuro (filme), 66
Dean, James, 102
Dédalus (LP de Belchior), 58, 60
Delmiro, Hélio, 102
Dércio, 58
"Derradeiros moicanos, Os" (canção), 188
"Desculpe o inglês" (canção), 62, 84
Désio, Bernardino de, Frei, 13
Desire (LP de Bob Dylan), 50
Deus e o diabo na Terra do Sol (filme), 67
Di Moro, Claudio, 131
Diálogos das grandezas do Brasil (Brandão), 122
Diário do Nordeste, 148
Dias, Gonçalves, 28
Dickinson, Emily, 147
Didier, Carlos, 102

Dinardi, Ruben, 162
Divina comédia (Dante Alighieri), 19, 157, 186
"Divina comédia humana" (canção), 146-7, 190
"Divino maravilhoso" (canção), 84
Dix, Otto, 154
DJ Hum, 128
Djavan, 131, 140
"Do mar, do céu, do campo" (canção), 177
Do Vale, Francisco Frutuoso, 154
Dom Casmurro (peça teatral), 101
Dominguinhos, 77
Donga, 58
Dória, Jorge, 101
Drummond de Andrade, Carlos, 44, 46, 157
Duarte, Dogival, 172-5
Duchamp, Marcel, 187
Duncan, Zélia, 102
Duprat, Rogério, 146, 154
Duprat, Ruriá, 146
Dylan, Bob, 50, 81, 91, 143-9, 155--6, 176

E

"É proibido proibir" (canção), 84, 88
Ecad (Escritório de Arrecadação e Distribuição de Direitos Autorais), 88
Ecovila Karaguatá (Santa Cruz do Sul), 173
Ed Wilson, 140
Edimburgo, 103
Edison, Thomas, 51
Edna Prometheu (mulher de Belchior) *ver* Araújo, Edna Assunção de

Ednardo, 35-6, 38, 41-2, 54, 65-8, 70-6, 78, 108, 160, 172, 181, 184
Edwards, Blake, 101
Edwards, Richey, 188
Ehrenberg, Felipe, 161
Einhorn, Mauricio, 102
Einstein, Albert, 21
Eldorado (gravadora), 128, 135
Elis (LP de Elis Regina), 56
Elis Regina, 37, 43, 51, 56, 78, 86-8, 90-1, 93, 102, 121, 138, 170, 176
Elogio da loucura (Erasmo de Roterdã), 135
Elogio da loucura (LP de Belchior), 110, 135
Ensaio (programa de TV), 37
Epitácio (loja de Fortaleza), 150
"Era nova" (canção), 114
Era uma vez um homem e o seu tempo (LP de Belchior), 115-7
Erasmo de Roterdã, 135
Escócia, 103
"Espacial" (canção), 36
Espírito Santo, 77
"Esquadros" (canção), 140
"Estação no inferno, Uma" (Rimbaud), 188
Estádio Municipal Nhozinho Santos (São Luís), 133
Estado de S.Paulo, O, 50, 157
Estados Unidos, 109
Estevam, Carlos, 39
Estoril (bar de Fortaleza), 36, 139
"Estou na minha" (canção), 49
Estrangeiro, O (Camus), 189
"Estranheleza" (canção), 126
Estudante, O (pintura de Belchior), 154
Estúdio 2 (programa de TV), 36
Estúdio Camerati (Santo André), 123, 137

Estúdio Sonima (São Paulo), 56
Evangelista, Dedé, 41
"Extra Cool" (canção), 79, 133

F

Faculdade de Medicina de
Porangabuçu (Fortaleza), 32
Fafá de Belém, 42
Fagner, Raimundo, 35-8, 41, 43, 45,
66-7, 69-80, 82, 86, 108, 114,
120-1, 151, 160, 164, 172, 180, 184
Falso brilhante (show de Elis
Regina), 78, 87
Fantástico (programa de TV), 142, 164
Faro, Fernando, 45
Faróis no caos (Ademir Assunção),
124
Fausto Nilo, 27, 29-30, 35, 40, 46, 71,
78-9, 95 , 151, 162, 176, 184, 192
Feitiço (LP de Ney Matogrosso), 113
Félix de Cantalício, São, 14
Fernandes, Dolores (mãe de
Belchior), 23-7, 44, 164, 180; *ver
também* Belchior Fernandes,
Otávio (pai de Belchior)
Ferraz, Hélio Rodrigues, 100-1, 115,
134
Ferreira, Rick, 92
Festa de Barbalha (CE), 146
Festa Nacional da Música de
Canela (2009), 164
Festival da Paraíba (1967), 58
Figueiredo, João Baptista de
Oliveira, general, 117
Figueiredo, Maria de Fátima Palha
de *ver* Fafá de Belém
Fioretti (São Francisco), 15
Fitzgerald, Scott, 192
Fiúza, Fernando, 157

Flores do mal, As (Baudelaire), 188
Floresta Amazônica, 130
Flower Power (movimento
cultural), 78
Folha de S.Paulo, 105, 137, 157, 161,
186
Fonseca, Calé, 134
Fontainelles, Jean, 30
Fontelles, Bené, 123
Foreign sound, A (CD de Caetano
Veloso), 144
"Forró no Escuro" (canção), 128
Fortaleza (CE), 13, 15, 17-8, 26-30,
32, 33, 35-6, 39-42, 45, 49, 69-70,
77-8, 80, 104, 135, 139-41, 146,
150, 152, 160, 179-86, 189-90
Foster, David, 109
"Fotografia 3x4" (canção), 44, 89,
146
França, 13, 118, 180
Francisco de Assis, São, 15, 31, 192
Franco, Siron, 157
Franco, Walter, 77, 101
Freire Filho, Aderbal, 82
Freire, Irmã Andréa, 173
Freitas, Alano de, 72
Freitas, Mariano, 39
Frenéticas (grupo), 105, 113, 138
Freud, Sigmund, 190-1
Fronteira das almas, A (filme), 116
Fundação Armando Álvares
Penteado (São Paulo), 38
Fundação Drummond (Itabira), 157

G

Gabriela (telenovela), 108
Gadelha, Mona, 69, 72
Gaiola das loucas, A (peça teatral),
101

Gal a todo vapor (LP de Gal Costa), 91
Galeano, Eduardo, 162
Galeria Paleta (Fortaleza), 150, 152
"Galos, noites e quintais" (canção), 19, 136, 146
Gandra, Antenor, 92
García Lorca, Federico, 119
Garcia, Denise, 141, 142
Garcia, Januário, 83
Garcia, Rodolfo, 122
Gaspar, Marcio, 154
Gauguin, Paul, 154
Gaye, Marvin, 70
Genesis (banda de rock), 122
Genoino, José, 39, 40
Gerbaux (bar de Fortaleza), 36, 37
Gil, Gilberto, 40, 44, 68, 77-8, 113-4, 116, 123, 131, 138, 145
Gilmour, David, 131
Ginásio Dom Bosco (Fortaleza), 70
Ginásio Proerb (Blumenau), 134
Ginsberg, Allen, 50
Gismonti, 123
Globo, O (jornal), 93, 120
Globo, Rede *ver* TV Globo
Gnatalli, Radamés, 170
Goiânia (GO), 132
Gomes, Carlos, 45
Gomes, Ciro, 159-60, 184
Gonçalves, Nelson, 37
Gonzaga, Luiz, 22, 51-2, 71, 81, 89, 91, 118, 128, 170
Gonzaguinha, 138
Gordon, Kim, 153
Goulart, João, 31
Graccho, 72-3, 77-9, 123, 135, 148, 156
Grande encontro, O (LP de Zé Ramalho et al.), 72
Grande noite, A (programa de TV), 67
Grande sertão: veredas (Guimarães Rosa), 60

Greyck, Marcio, 140
Grupo X, 62, 84
Grusin, Dave, 102
Gruta (Grupo Universitário de Teatro e Artes), 39
Guaíba (RS), 171
Guarabyra (cantor), 151
Guaramiranga (CE), 12-5, 17, 29, 129, 155
Gullar, Ferreira, 71, 154
Gurjão, Pedro, 36
Gusson, Aquiles, 173

H

Hair (musical), 120
"Happiness is a warm gun" (canção), 116
Harrison, George, 96
Helfer, Dulce, 93, 161
Heluy, Cury, 140
Hendrix, Jimi, 134
Henman, Angela Margaret *ver* Belchior, Angela Margaret Henman (ex-esposa de Belchior)
Hepburn, Audrey, 101
Hermógenes (professor de ioga), 95
Hip-hop cultura de rua (LP de Thaíde et al.), 128
Hirzsman, Leon, 39
Holanda, 122
Hollywood Rock (SP, 1990), 145
Homem revoltado, O (Camus), 188
Hotel Caesar Park (Fortaleza), 38
Hotel Ponte de Pedra (Porto Alegre), 168
Hungeth, Dee, 109

I

Ibáñez, Paco, 136
Igreja de São Francisco (Sobral), 23
Ilha das Flores, Base da (RJ), 108
Ilha Príncipe (África), 21
Imã (LP de Ednardo), 75
Imitação de Cristo (Tomás de Kempis), 16
Inácio da Catingueira, 44
Índia, 126, 188
"Índio, Um" (canção), 114
"Ingazeiras" (canção), 73
Inglaterra, 97-8, 103
Inhamuns, região de (CE), 39
Ira! (banda de rock), 128
Isaacs, Gregory, 133
"Isadora" (Manuel Bandeira), 169
"It's alright, ma (I'm only bleeding)" (canção), 144
Itabira (MG), 157
Itália, 13
Itapipoca (CE), 36

J

Jackson do Pandeiro, 51, 71
Jackson, J.J. *ver* Robinson, Leo
Jacobsen, Gabriel, 168, 169
Jaguaribe Park, estacionamento (São Paulo), 159
Jaguaribe, rio, 146
Jamacarú, Pachelli, 72
Jane e Herondy (dupla), 70
Jara, Vitor, 136
Jardins (São Paulo), 71
Jards Macalé, 101
Jessé, 114
Jesus Cristo, 133
Jesus Cristo Superstar (musical), 120

Joanes, Jamil, 102
João da Cruz, São, 23
João Gilberto, 50
João Pessoa (PB), 128
Jobim, Tom, 45, 80
Johnson, Paul, 21
Jorge Benjor, 40, 101, 121, 131
"Jornal Blues" (canção), 133
Jornal de Música, 55
Jornal do Almoço (noticiário de TV), 166
José Bonifácio (Fortaleza), 181
José de Manaus, Frei, 14, 23
José Maria, Frei, 14
Joyce, James, 57
Juazeiro do Norte (CE), 181
"Juicy Kiss, A" (canção), 133
Jung, André, 128
Juventude transviada (filme), 102

K

Kaos (movimento artístico-literário), 126
Karabtchevsky, Isaac, 67
Kelly, Michael, 133
Kierkegaard, Søren, 42
Kleiton e Kledir (dupla), 170
Kubrick, Stanley, 85
Kuperman, Mario, 65-6, 71, 94
Kurosawa, Akira, 97
Kwiatkowski, Aline, 177-8

L

La Casa, bistrô e galeria (Colonia del Sacramento), 163
La Spezia, Carlos de, Frei, 13
"Lá vou eu" (canção), 102

Lago da Pedra (MA), 172
Lajeado (RS), 161
Lar Torres de Melo (Fortaleza), 150
Laranja mecânica (Burgess), 85
Larbanois, Eduardo, 136, 147
Larbanois-Carrero (duo uruguaio), 135-6
"Lay, lady, lay" (canção), 144
Lázaro, Marcos, 103
Leão, Sávio, 184
Leary, Timothy, 85
Lee, Rita, 102, 131
"Légua tirana" (canção), 22, 89
Leiden (Holanda), 122
Leirner, Nelson, 98
Leite Filho, Rogaciano, 147
Lênin, Vladimir, 106
Lenine (cantor), 108, 131
Lennon, John, 116
Lerner, Julio, 68
Líbano, 70
"Like a rolling stone" (canção), 91, 144
Lima, Domingos Teixeira, Frei, 17
Limoeiro (CE), 146
Linhares, Ângela, 72
Linhares, Paulo, 183
"Lira dos vinte anos" (canção), 144-8
Lisboa, 129
Lobão, 124
Lobo solitário (LP de Edvaldo Santana), 123
Londres, 78, 103, 126
Londrina (PR), 128
Long, Phillip, 176
Lopes, José Fares, 70
Lopes, Vicente, 72, 77-8
"Lord Byron blues" (canção), 133-4
Los Angeles (Califórnia), 109, 186
Los Santos, Hector de, 165-6
Love and theft (CD de Bob Dylan), 149

Lúcio Ricardo, 72
Luiz Melodia, 77, 91
Luiz Sérgio, 134
Lusíadas, Os (Camões), 15
Luz, Ana Correa da, 30

M

"Ma bohème (fantasie)" (Rimbaud), 119
"Ma" (canção), 126
Machado, Juremir, 168-70
Madredeus (grupo), 129
Maia, Carlito, 43
Maia, Petrúcio, 35, 41, 68, 78
Maia, Tim, 40
Mallarmé, Stéphane, 155
Mamonas Assassinas (grupo pop), 54
Manassés (violonista), 25, 103
Manera fru fru, manera (LP de Fagner), 114, 121
Manet, Édouard, 98
Manic Street Preachers (banda galesa), 188
Manoel Carlos, 43, 48-9
Maranhão, 133, 172
Marcel Duchamp e o Castelo da Pureza (Octavio Paz), 187
Maria Bethânia, 22
Maria Rita, 37
Maringá (PR), 128
Marques, Doroty, 58
Martin, George, 57
Martins, Aldemir, 73, 153
Martins, Cyro, 169
Marx, Karl, 106
Massafeira (projeto artístico), 69, 71, 74-5, 160
Massafeira Livre (LP coletivo), 75

Masson, Celso, 54
Matisse, Henri, 154
Matogrosso, Ney, 109, 113
Mautner, Jorge, 121, 126
Mazzola, Marco, 91-2, 94
MC Jack, 128
MDB (Movimento Democrático Brasileiro), 111
"Medo de Avião" (canção), 54, 115, 146
"Medo" (canção), 46
Méier (Rio de Janeiro), 42
Meireles, Cildo, 81-2, 98
Mello, Jorge, 33, 35, 40, 42-3, 45, 48-9, 53, 66-8, 72-3, 76, 78, 95, 121, 123-5
Melodrama (LP de Belchior), 79, 132
Menezes, Dalgimar, 40
Menezes, José David de, 40
Menezes, Lúcia, 36, 40, 102, 141, 181
Menezes, Margareth, 114
Menezes, Thales de, 157
Mesón El Recanto, restaurante (Artigas), 162
Messejana (Fortaleza), 13, 17, 31
Messiaen, Olivier, 58
"Meu cordial brasileiro" (canção), 115
Meu corpo, minha embalagem, todo gasto na viagem (LP do Pessoal do Ceará), 41, 68-9, 73
México, 186, 188
Midani, André, 43, 92
Milanés, Pablo, 136
Miller, Sidney, 137
Minas Gerais, 73, 77, 93, 157
Mineo, Sal, 102
Miró, Joan, 154
"Monólogo das grandezas do Brasil" (canção), 122
Montenegro, Oswaldo, 37
Montevidéu, 161
Moraes, Vinicius de, 86, 94

Moreira, Moraes, 101, 121
Morrison, Jim, 180
Morumbi (São Paulo), 145, 149
Morus, Thomas, 135
Mosteiro da Santíssima Trindade (Santa Cruz do Sul), 173, 191
Mote e glosa (LP de Belchior), 25, 52, 57-9, 77-8, 86, 92, 95, 105, 148
"Mote, tom e radar" (canção), 72
"Moto I" (canção), 114
Moura, Dawlton, 149
Mourão, João, 131
Movieplay (gravadora), 135
Mr. Tambourine Man" (canção), 143
"Mucuripe" (canção), 37, 76, 86, 120, 137, 146, 180, 184
Murta (Sobradinho), 174
Museu da Imagem e do Som (São Paulo), 76
Música (revista), 113
Música, doce música (Mário de Andrade), 52
Musicanti, I (musical italiano de Bardotti), 103

N

"Na hora do almoço" (canção), 42, 48-9, 79, 113, 136, 146, 184
Nabuco, Joaquim, 122
"Nada como viver" (canção), 27, 52
"Nada Sou" (canção), 36
"Não leve flores" (canção), 54, 108, 136, 147
Nascimento, Milton, 42
Nasi (roqueiro), 128
Neruda, Pablo, 163
Nery, Jorge, 48-50
Nevilton, 176
Nogueira, Rui, 104

Nos tempos da universidade (projeto de álbum de Belchior), 181
"Noturno (Coração alado)" (canção), 78
Nova York, 98, 173
Novo Hamburgo (RS), 172
Novos Baianos, 71, 73-4, 101

O

O'Connor, Sinnead, 188
Objeto direto (LP de Belchior), 27, 54, 79, 96, 119
"Objeto direto" (canção), 119
"Odara" (canção), 114
Odeon (gravadora), 43, 120
Oliveira, Maria Elisete Moraes de *ver* Téti
Ondas sonoras - primeiro movimento (CD de Belchior e Tavares Filho), 165
"Onde jazz meu coração" (canção), 53, 143
Onetti, Juan Carlos, 162
Ono, Yoko, 116, 153, 171
Oroño, Dumas, 161
Orós (CE), 70
Orós (LP de Fagner), 69, 80
Orquestra Eleazar de Carvalho, 181
"Ouro de tolo" (canção), 128, 130, 136
Oxfordshire (Inglaterra), 96

P

Pacheco, Fernando, 156
Pacífico, Frei, 18
Páez Vilaró, Jorge, 163
"Paixão" (canção), 170
Palance, Jack, 65

Pancho Villa, 188
Panis Angelicus (cântico católico), 173
"Panis et circensis" (canção), 113
Papa Poluição (banda de militância ambientalista), 116-7
Papete, 58
Pará, 42
Paraíba, 57, 60, 122, 150
"Paraíba" (canção), 22
Paraíso (LP de Belchior), 121, 122, 126-7
Paraíso Discos (gravadora), 72, 121, 123, 133
Paralamas do Sucesso (banda), 124
"Paralelas" (canção), 102-3, 146, 165, 177
Paranoia (Piva), 85
Paris, 103, 183
Parque da Paz (Fortaleza), 180, 185
Parque do Cocó (Fortaleza), 140
Parque Moinhos de Vento (Porto Alegre), 168
Parque Oktoberfest (Santa Cruz do Sul), 175
Parquelândia (Fortaleza), 26, 30
Parra, Violeta, 136
Parron, Monsieur, 131
Partido Verde, 116
Pascoal, Hermeto, 68-9, 124
Pasquim, O, 24, 45, 143
Passaré (Fortaleza), 180
"Passeio" (canção), 64
Patativa do Assaré, 80
Paula, José Agrippino de, 126
Paula, Madre, 173
Paula, Nilo de, 83
Paulo Ricardo, 137
"Pavão misterioso" (canção), 36, 72
Paz, Octavio, 23, 187
PCB (Partido Comunista Brasileiro), 39

PCdoB (Partido Comunista do Brasil), 39
Pedrinho (baterista), 102
Peixoto, Graccho Sílvio Braz *ver* Graccho
Pekin (cantor), 66, 78
Pelotas (RS), 161
Pena, Amaro, 134
Penna, Hermano, 116
Penna, José Luiz, 116
Pensieri di donna (LP de Gigliola Cinquetti), 103
"Pequeno mapa do tempo" (canção), 46-7, 105, 108
Pereira, Cláudio, 27, 41
Pereira, Tonio, 162
Pernambuco, 37, 122
"Pérola Negra" (canção), 91
Pessoal do Ceará, 35-6, 46, 54, 67--74, 79, 82, 105, 108, 123, 138, 176
Pessoal do Ceará (CD de 2002), 72
Pessoal do Ceará (LP), 72
Philips (gravadora), 86
Phonogram (gravadora), 79, 83
Piauí, 13, 14
Picasso, Pablo, 154, 187
Pingo (cantor), 184
Pinheiro, Francisco Sales, 66
Pink Floyd, 131
Pinto, José Nêumane, 157
Pio, Chico, 72
Pires, Jairo, 74
Piripiri (PI), 33, 48
Piti (violonista), 40-1
Piva, Roberto, 85
Pixinguinha, 53, 132
Plant, Robert, 80
"Ploft" (canção), 53
Poe, Edgar Allan, 81, 91
"Poeira" (canção), 58
"Política literária" (Drummond), 157

Polygram (gravadora), 43, 81, 86, 91-2
Pontes, Augusto, 37, 38, 41, 68, 71, 82, 147
Pop (revista), 106
"Populus" (canção), 101, 106-8
Porque Hoje é Sábado (programa de TV), 35-6, 40
Porto Alegre (RS), 161, 165-71, 173, 179
Portugal, 129
Pound, Ezra, 147
Povo, O (jornal), 28-9, 36, 43, 108
Praça da Sé (São Paulo), 128
Praça Mauá (Rio de Janeiro), 43
Praia do Mucuripe (Fortaleza), 35
Presley, Elvis, 180
"Preto que satisfaz, O" (canção), 138
"Princesa do meu lugar" (canção), 180-1
"Profissionais, Os" (canção), 188
Projesom Sonorizações, 165
PT (Partido dos Trabalhadores), 39
Pulsares (CD de Sergio Zurawski), 129

Q

Quaraí (RS), 165
Queirós, Eça de, 27
"Quero que tudo mais vá para o céu" (canção), 121-2
"Quero que vá tudo para o inferno" (canção), 62, 121
Quintana, Mário, 161, 170
Quinteto Armorial, 58
Quiterianópolis (CE), 15
Quixadá (CE), 70
Quixeramobim (CE), 27

R

Radar (banda de Belchior), 128-9, 131
Rádio Guaíba (Porto Alegre), 168
Rádio Iracema (Fortaleza), 104
Ramalho, Elba, 51, 72, 101
Ramalho, Zé, 37, 72, 140, 172
Raposo, Olmair, 131
RCA (gravadora), 70
Recife (PE), 72, 129
Reed, Lou, 153
Refavela (LP de Gilberto Gil), 114-5
Reis, Sergio, 164
Renoir, Pierre-Auguste, 98
"Respeita Januário" (canção), 22
"Retórica sentimental" (canção), 165
Ricardo Guilherme, 184
Ricardo, Frei, 182
Rimbaud, Arthur, 44, 119, 143, 187-8
Rio de Janeiro, 39, 42-4, 48, 57, 63,
    67, 72-4, 76-7, 86, 95, 101, 147,
    189
Rio Grande do Norte, 181
Rio Grande do Sul, 160, 164, 172,
    175, 191
Rio Pardinho (Santa Cruz do Sul),
    173
Rios, Jesualdo, Frei, 17
Ritchie, 137
Rive Gauche (Paris), 183
Rivera (Uruguai), 162, 165
Roberto Carlos, 37, 71, 92, 110, 120-
    -1, 136-7
Robinson, Leo (J.J. Jackson), 133-4
"Rock prolixo" (canção), 124-5
"Rock romance de um robô
    goliardo" (canção), 128
Rock Teens (grupo), 134
"Rodagem" (canção), 77
Rodrigues, João, 13
Rodrigues, Lupicínio, 90

Rogério, Pedro, 70, 73
Rogério, Rodger, 34-5, 41, 66-74, 78,
    95, 144
Roma, 14, 103-4, 165
Romano da Mãe D'Água, 44
"Romanza" (canção), 80
Romário (jogador), 97
"Ronda" (canção), 94
Roosevelt, José, 157
Rosa Maria, 114, 131
Rosa, María da, 165
Ross, Diana, 70
Russo, Renato, 124

S

Sá e Guarabyra (dupla), 151
Salomão, rei de Israel, 113
Saltimbancos, Os (musical de Chico
    Buarque), 103
Salvador (BA), 42, 63, 95
"Sampa" (canção), 64-5
San Gregorio de Polanco (Uruguai),
    161, 164
Sanches, Pedro Alexandre, 105
Santa Catarina, 134
Santa Cruz do Sul (RS), 161, 172-3,
    175, 177, 179, 186
Santa Maria (RS), 161
Santana do Acaraú (CE), 23
Santana do Livramento (RS), 162
Santana, Camilo, 184
Santana, Edvaldo, 123
Santo André (SP), 123
Santo Inácio (Santa Cruz do Sul),
    176-8
São Carlos (SP), 141
São Cristóvão (Rio de Janeiro), 43
São José do Rio Preto (SP), 128
São Luís (MA), 133

São Paulo (SP), 25, 38, 42-3, 56, 58, 61-5, 67-8, 70, 73, 75-8, 86-7, 94--8, 100, 115-6, 121, 124, 127-8, 141, 147, 149, 155, 159, 170, 177, 183-4, 189-90

Saramandaia (telenovela), 36

Sargento Getúlio (filme), 116

Sarney, José, 132

Sátiros (banda), 151

"Saudosa maloca" (canção), 65

Saut, Roberto, 135

Schmidt, Pena, 62

Schreber, Paul, 190-1

Seixas, Raul, 77, 92, 128, 130-1, 183

Self portrait (LP de Bob Dylan), 146

"Senhor dono da casa" (canção), 59

"Sensual" (canção), 34, 113

Sérgio Natureza, 90

Serra da Meruoca (CE), 21

Serra de Guaramiranga (CE), 12

Serrat, Juan Manuel, 136

Sesc Pompéia (São Paulo), 117

Seurat, Georges, 154

Severiano Batista, Chico, 150

Severiano Batista, Maria, 150

Sgt. Pepper's Lonely Hearts Club Band (LP dos Beatles), 68

"She's Leaving Home" (canção), 91

Sheraton, hotel (Colonia del Sacramento), 163, 167

Sheraton, hotel (Porto Alegre), 168

Show do Mercantil (programa de TV), 36

Silva, Abel, 71

Silva, Davi, 178

Silva, Flávio da, 177-8

Silva, Walter (Picapau), 41, 73, 94

Simone (cantora), 100, 120

Sinatra, Frank, 153

Sítio Macapá (CE), 13

Soares, Arlindo, 40

Soares, Régis, 72, 184

Soares, Rogério, 72

Sobradinho (RS), 174

Sobral (CE), 15, 18, 21-6, 29, 44, 78, 135, 160, 179, 182-3, 185

Sócrates (jogador), 98

Som das Águas, festival (Limoeiro, CE), 146

Som Imaginário (banda), 102

Sonhos (filme de Kurosawa), 97

Sonia (cantora), 120

Sonic Youth (banda de rock), 153

Soriano, Waldick, 143

Soro (LP do Pessoal do Ceará et al.), 71

"Sorry, Baby" (canção), 84

Sosa, Mercedes, 136

"Sou Brasileiro" (canção), 49

Souto, Bruno, 176

Souza, José Ednardo Soares Costa *ver* Ednardo

Souza, Vilédia Bezerra de, 139-41

Stone (artista), 72

Strauss, Johann, 118

Suassuna, Ariano, 40

"Superbacana" (canção), 49

T

Tabacoff, Heidi, 63

Tacuarembó (Uruguai), 136, 161

Tango (peça teatral), 101

Tápes, Os, 58

Taquari (RS), 161

Tauá (CE), 39

Tavares Filho, João, 165

Tavares, Antonio Carlos, 103

Tavares, Marcos, 58

"Táxi boy" (canção), 140

TBC (Teatro Brasileiro de Comédia, São Paulo), 155

Teatro Araújo Vianna (Porto Alegre), 172
Teatro Bandeirantes (São Paulo), 87
Teatro Ginástico (Rio de Janeiro), 101
Teatro João Caetano (Rio de Janeiro), 48, 100
Teatro José de Alencar (Fortaleza), 69, 104
Teatro Municipal (Araraquara), 155
Teixeira, Humberto, 22
Teles, Valmir, 27
Telles, Jorginho, 48-50
Tempo, trabalho e cotidiano (CD de Eugênio Leandro), 146
Tempos modernos: o mundo dos anos 20 aos 80 (Paul Johnson), 21
"Ter ou Não Ter" (canção), 63, 105
Terence Trend D'Arby, 144
Teresa de Ávila, Santa, 191
Teresa Paula, Irmã, 191
Teresina (PI), 18
Tereza Raquel, 101
Terral (programa de rádio), 104
"Terral" (canção), 41, 72
Testamento (São Francisco de Assis), 15
Téti, 35, 41, 66, 68, 70-1, 73-4, 78
Thaíde, 128
Thomas, Dylan, 143
Thompson, Mario Luiz, 95
"Tigresa" (canção), 114
Time out of mind (CD de Bob Dylan), 149
Tiso, Wagner, 42
"Tocando por Música" (canção), 53, 94, 132, 133
"Todo sujo de batom" (canção), 146, 177
Todos os sentidos (LP de Belchior), 104-5, 109, 112, 114, 136

Todos os sentidos (show de Belchior), 115
Tomás de Aquino, São, 42, 173
Tomás de Kempis, 16
Toquinho, 51, 77, 86, 94, 116
Torquato Neto, 40
Tota (artista plástico), 147, 150-2, 184
Transmissor (banda), 176
Travolta, John, 105
Tribo de Jah (banda de reggae), 133
Trindade, Ingrid, 173-4
Trindade, Ubiratan, 173-4, 185
Trio Mocotó, 40
Tristeza tristeza (LP de Jorginho Telles), 49
Tropicália (movimento cultural), 71, 77, 90, 138, 183
"Tudo outra vez" (canção), 53, 117--9, 136, 187
Tunai, 90
Turista aprendiz, O (Mário de Andrade), 52
Turquia, 129-31
Tutti Frutti (banda), 131
TV Ceará, 36-7
TV Cultura, 30, 37
TV Globo, 108, 164, 166, 175
TV Record, 169
TV Tupi, 42, 48-9, 67, 120
"Two Naira Fifty Kobo" (canção), 114

U

Uiraúna (PB), 150
Universidade de Brasília (UnB), 70
Universidade de São Paulo (USP), 70
Universidade Federal do Ceará, 35, 39, 48, 69
Uruguai, 59, 136, 141, 160-2, 164--5, 168

V

Vale do Rio Pardo (RS), 161
Vale, Francis, 41
Vale, João do, 51
Valença, Alceu, 72, 77, 172
Valéry, Paul, 147
Valle, Mauricio do, 67
Valle, Stélio, 72
Van Gogh, bar (Porto Alegre), 161
Van Gogh, Vincent, 97, 154
Vandré, Geraldo, 165, 189
Vanusa, 102-3
Vanzolini, Paulo, 58, 73, 94
Varela, Dallor, 57
Vasconcelos, Gonzaga, 35, 37-8
Vasconcelos, Shirley, 182
Vaughan, Sarah, 102
Veja (revista), 50, 57, 62, 68, 77, 89, 91, 100, 106
"Velha roupa colorida" (canção), 86--7, 90-1, 144, 146, 148, 165, 183
Veloso, Caetano, 44-5, 61, 64-5, 68, 78-9, 81, 84, 88, 92, 113-5, 122, 124, 134, 138, 144, 182-3
Venâncio Aires (RS), 161, 179
Venâncio, Nirton, 104-5
Venha a Nós o Vosso Campo (festival), 62
Verlaine, Paul, 44
Via Funchal (São Paulo), 149, 176
Vianna Filho, Oduvaldo, 39
Vício elegante (CD de Belchior), 136, 140
"Vício elegante" (canção), 140, 144, 188
"Vida es sueño, La" (canção), 136
Viena, 118
Vilédia (parceira de Belchior) *ver* Souza, Vilédia Bezerra de
Vinicius & Toquinho (LP), 86

"Vivo sin vivir en mi" (Santa Teresa de Ávila), 191-2
Vladimir (jogador), 98
Volpi, Alfredo, 152, 154

W

Warner (gravadora), 109, 121
Westlake Audio Studio (Los Angeles), 109
Willcox, Paulo Cezar, 120-1
Williams, William Carlos, 51
Windsor, Marcia de, 93
Wittgenstein, Ludwig, 42

Y

Yerma (García Lorca), 119
"Ypê" (canção), 96, 177
Yupanqui, Atahualpa, 136

Z

Zangrandi, Reinaldo, 43
Zappa, Celso, 123
Zé da Flauta, 41
Zé Geraldo, 42
Zeca Baleiro, 175-7, 192
Zero Cruzeiro/Zero Dollar, série (Cildo Meireles), 81-2
Zero Hora (jornal), 93, 167
Ziembinsky, Zbigniew, 101
Zurawski, Lé, 131
Zurawski, Sérgio, 129-31, 146

Crédito das imagens

Capa
Belchior no Rio de Janeiro, 27 de outubro de 1983
Foto de Silvio Corrêa/Agência O Globo

p. 193 Agência RBS
p. 194 Acervo pessoal de Nilson Belchior. Reprodução de Nicolas Gondim
p. 195 Acervo pessoal de Hélio Rodriguez
p. 196 Cortesia de Frei Hermínio de Bezerra de Oliveira
p. 197 [acima] Acervo da família
p. 197 [abaixo] Desenho de Fausto Nilo. Acervo pessoal do artista.
p. 198 [acima à esquerda] Acervo pessoal de Hélio Rodrigues
p. 198 [acima à direita] Cortesia do Acervo documental de Jorge Mello
p. 198 [abaixo] Acervo pessoal de Galba Gomes/
Cortesia de Nirton Venâncio
p. 199 [acima] © Mário Luiz Thompson
p. 199 [abaixo] © Gentil Barreira/Imagem Brasil
p. 200 [acima] O Cruzeiro/D.A.Press
p. 200 [abaixo] Acervo pessoal de Fausto Nilo
p. 201 [acima] Adhemar Veneziano/Abril Comunicações S.A
p. 201 [abaixo] © Gentil Barreira/Imagem Brasil
p. 202 © Miura, 27 de outubro de 1977/Fundo pertencente
a Fundação Cultural Cassiano Ricardo/Arquivo
Público do Município de São José dos Campos
p. 203 Cortesia do Acervo documental de Jorge Mello
p. 204 [acima] Homero Sérgio/Folhapress
p. 204 [abaixo] Antonio Carlos Piccino/Agência O Globo
p. 205 [acima] © Adriana Pitigliani/Cortesia de Ednardo
p. 205 [abaixo] Cortesia de Ingrid Trindade
p. 206 Wanderlei Pozzembom/D.A.Press
p. 207 Acervo pessoal do autor/Reprodução de Renato Parada
p. 208 © Berbel Multimídia/Cortesia de Sérgio Zurawski
pp. 209-10 © Bob Wolfenson/Abril Comunicações S.A

*Todos os esforços foram feitos para encontrar os detentores de direitos
autorais das fotos incluídas neste livro. Em caso de eventual omissão,
a Todavia terá prazer em corrigi-la em edições futuras.*

© Jotabê Medeiros, 2017

Todos os direitos desta edição reservados à Todavia.

Grafia atualizada segundo o Acordo Ortográfico da Língua Portuguesa de 1990, que entrou em vigor no Brasil em 2009.

capa
Elohim Barros
Renata Mein
pesquisa iconográfica
Jotabê Medeiros
Ana Laura Souza
preparação
Livia Almeida
índice onomástico
Luciano Marchiori
revisão
Huendel Viana
Ana Alvares
revisão técnica
José Genulino

9ª reimpressão, 2025

Dados Internacionais de Catalogação na Publicação (CIP)

Medeiros, Jotabê (1962-)
Belchior : Apenas um rapaz latino-americano / Jotabê Medeiros. — 1. ed. — São Paulo : Todavia, 2017.

ISBN 978-85-93828-12-6

1. Biografia. 2. Perfil. I. Belchior. II. Título.

CDD 780.92

Índice para catálogo sistemático:
1. Biografia : Perfil biográfico 780.92

Bruna Heller — Bibliotecária — CRB 10/2348

todavia
Rua Luís Anhaia, 44
05433.020 São Paulo SP
T. 55 11. 3094 0500
www.todavialivros.com.br

fonte
Register*
papel
Avena 80 g/m²
impressão
Forma Certa